bossa carioca

POR PATRICIA MAYER E PATRICIA QUENTEL

casacor riodejaneiro

FOTOS KITTY PARANAGUÁ

Bossa carioca: Casa Cor Rio de Janeiro © Patricia Mayer e Patricia Quentel (orgs.)

Direitos desta edição reservados ao Serviço Nacional de Aprendizagem Comercial – Administração Regional do Rio de Janeiro.

Vedada, nos termos da lei, a reprodução total ou parcial deste livro.

SENAC RIO

Presidente do Conselho Regional
Orlando Diniz

Diretor do Departamento Regional
Décio Zanirato Junior

EDITORA SENAC RIO
Av. Franklin Roosevelt, 126/604 – Centro
Rio de Janeiro – RJ – CEP: 20.021-120
Tel.: (21) 2240.2045 – Fax: (21) 2240.9656
www.rj.senac.br/editora

Editora Andrea Fraga d'Egmont (andrea.degmont@rj.senac.br)
Projeto editorial Patricia Mayer, Patricia Quentel, 3Plus Assessoria de Marketing e M.Laet Comunicação
Direção de arte Ana Laet
Projeto gráfico Cecilia Costa e Pedro Gaia
Fotos Kitty Paranaguá e acervo Casa Cor / 3Plus
Coordenação de produção Cynthia Azevedo (cynthia.azevedo@rj.senac.br)
e Karine Fajardo (karine.fajardo@rj.senac.br)
Textos Angela Falcão e Patricia Mayer
Edição de texto Cynthia Azevedo
Revisão Karine Fajardo
Assistente de produção Andrea Ayer (andrea.ayer@rj.senac.br)
Pré-impressão ò de casa
Impressão: Pancrom – 1ª edição: setembro de 2005

CIP-BRASIL. CATALOGAÇÃO-NA-FONTE
SINDICATO NACIONAL DOS EDITORES DE LIVROS, RJ.

M421b
Mayer, Patricia, 1953-
    Bossa carioca : 15 anos de Casa Cor Rio de Janeiro
/ por Patricia Mayer e Patricia Quentel. – Rio de Janeiro : Editora Senac Rio, 2005.
264 p. ; il. ; 22 cm x 28 cm

Apêndice
ISBN 85-87864-76-9

1. Casa Cor Rio de Janeiro. História. 2. Arquitetura de interiores – Rio de Janeiro. (RJ).
3. Arquitetura de habitações – Rio de Janeiro (RJ). 4. Decoração de interiores – Rio de Janeiro (RJ).
5. Arquitetos – Rio de Janeiro (RJ). 6. Decoradores de interiores – Rio de Janeiro (RJ).
I. Quentel, Patricia, 1956-. II. Título. III. Título: Casa Cor Rio de Janeiro.

CDD 747.2981531
CDU 747.728 (815.31)

Apoio

casacor
eoestilocariocademorar

Patricia Mayer e Patricia Quentel
3Plus / Casa Cor Rio

Ter estilo próprio é um privilégio. Assim como algumas pessoas têm e outras não, o mesmo acontece com cidades. Há aquelas que transbordam estilo, evidenciado no modo de vida de seus habitantes. O Rio de Janeiro é uma delas.

O estilo do Rio está na moda, na gastronomia, no comportamento e, como demonstram 15 anos de Casa Cor, está também no morar. A cultura da cidade – urbana e cosmopolita, entre montanhas, à beira do mar – pulsa nos ambientes criados para o evento: é o inconsciente coletivo carioca expresso em forma de decoração. Nuances, cores, misturas e bossa. Detalhes irreverentes, engraçados, cheios de humor. Um retrato da alma de quem vive e trabalha no Rio.

Os trabalhos que melhor representam o estilo carioca estão compilados neste livro, dedicado a todos os arquitetos, decoradores e paisagistas que já participaram de Casa Cor. Eles que, com alma carioca e no dia-a-dia na Cidade Maravilhosa, desenvolveram projetos originais e cheios de estilo, voltados a cada ano para um espaço diferente.

O projeto, que começou com um convite de Orlando Thomé Cordeiro, superintendente do Senac Rio, para que a 3Plus realizasse um livro relacionado com a Casa Cor, tornou-se realidade com o incentivo e esforço de Andrea Fraga d'Egmont, Cynthia Azevedo, Karine Fajardo e Andrea Ayer, da Editora Senac Rio.

sumário

10 Uma história de sucesso
Orlando Diniz

12 Uma fonte inesgotável de inspiração
Roberto Dimbério

14 A cara de uma cidade cheia de charme
Patricia Mayer

16 Rio, item básico em todos os ambientes
Iesa Rodrigues

20 Casa Cor Rio: referência e influência em decoração

24 Afinal, como é a casa do carioca?

26 Espaço
teoria da relatividade

48 Materiais
produto interno bruto

72 Cor
uma cor só não faz verão

94 Luz
luz é fio condutor da casa

114 Alquimia
tudo junto ao mesmo tempo

130 Verde
fotossíntese

150 Clássico
clássico é eterno

164 Arte e design
jóias da casa

188 Sempre chic
elegância

212 Originalidade
a graça da casa

232 Bossa carioca
estilo

257 As organizadoras

258 Eventos Casa Cor – 1991 a 2005

260 Patrocinadores e apoiadores

262 Expositores

umahistóriadesucesso

Orlando Diniz
Presidente do Conselho Regional / Senac Rio

Este livro registra a memória de um importante evento do Rio de Janeiro – a Casa Cor Rio –, que em 2005 comemora 15 anos influenciando o modo de pensar, fazer e negociar design, decoração e arquitetura no Rio de Janeiro.

Por meio de um olhar histórico sobre os projetos apresentados por arquitetos e decoradores atuantes no Rio, *Bossa carioca – Casa Cor Rio de Janeiro* vem valorizar um estilo carioca de morar, que, em sua singular diversidade, se apropria dos elementos constitutivos do espaço, como a cor, a luz, a paisagem, entre outros, para produzir ambientes em que qualidade de vida, charme e criatividade são prioridades.

A Casa Cor Rio, além de incrementar negócios nos mercados de arquitetura, design e decoração, tem sido também uma importante ferramenta para a formação de um público mais exigente e atento.

Enfim, uma história de sucesso, que expressa a excelência do mercado e dos profissionais que atuam na cidade, servindo como uma importante referência para o desenvolvimento profissional nas áreas de arquitetura, decoração e design no Rio de Janeiro.

umafonteinesgotável deinspiração

Roberto Dimbério
Diretor de Casa Cor

Tenho mais de trinta anos de estrada e muitos quilômetros de Casa Cor. Trabalhei 25 anos em revistas de decoração e arquitetura da Editora Abril e, desde 2001, trabalho em Casa Cor. Vi o evento nascer em São Paulo, em 1987, e, em 1991, chegar ao Rio. Visito as 14 cidades brasileiras que recebem a mostra e acompanho a evolução deste mercado.

Depois de Casa Cor, a casa do brasileiro mudou para melhor. No Rio de Janeiro, o salto foi ainda maior. Uma cidade cravada em cenário deslumbrante de morros e praias exige muito de decoradores, arquitetos, designers e paisagistas. Se em São Paulo Casa Cor tem uma pegada séria, a cara da cidade, com lançamentos mundiais, no Rio, tem um jeito mais solto, bem-humorado, que seduz pelas cores, bossas e boas sacadas. Descontraída e muito bem pensada. Uma fonte inesgotável de inspiração.

Casa Cor Rio não é apenas decoração. De quebra tem sempre uma surpresa a mais: loja, restaurante, café, espaço cultural, tudo com aquele charme de matar "estrangeiro" que só os cariocas conseguem ter. Uma delícia de programa.

a cara de uma cidade cheia de charme

Patricia Mayer
3Plus

A idéia de desenvolver este livro, *Bossa carioca – Casa Cor Rio de Janeiro*, nasceu de uma percepção: os projetos e decorações da mostra refletem aspectos que são a cara da cidade.

Esta constatação surgiu a partir da vivência diária durante os eventos ao longo dos anos, no acervo da fotógrafa Kitty Paranaguá, que registra todos os momentos da Casa Cor Rio, em conversas e em questionários enviados a arquitetos e nas visitas a edições do evento em outras cidades brasileiras.

Reflexo das características do Rio, de sua geografia, seu clima, sua história e, portanto, do jeito carioca de ser, viver e agir. Cor, luz, transparências, informalidades, conforto, know-how de misturar objetos e móveis em perfeito put-together, escolha de materiais inesperados. Um chique que agrega elementos de balneário e cosmopolitas, típicos de cidade à beira-mar com espírito de capital do País. Uma ginga, a bossa de uma cidade inspiradora e tão cheia de charme.

O estilo carioca habita o inconsciente de quem vive na cidade. Casa Cor Rio vem revelando esse estilo há 15 anos. Ele está aqui para você conhecer (ou, se é carioca, reconhecer!)

rio, item básico em todos os ambientes

Iesa Rodrigues
Jornalista e editora de moda

Repórter que trabalha com moda acaba especialista em estilo. É um tal de pesquisar, perguntar e atentar para os muitos fatores que influenciam a maneira de consumir e de viver dos leitores. Imagine a felicidade que senti quando comecei a visitar Casa Cor Rio em 1991. Primeiro, por reunir, em um só endereço, profissionais que mereciam essa vitrine. Muitos eram jovens iniciantes, outros já consagrados, e todos dividiam o mesmo espaço. OK, todo evento de decoração segue um formato parecido. Só que logo desde a primeira edição há um detalhe especial: a cidade. A cidade do Rio de Janeiro parece um item básico em todos os ambientes. A luz, as montanhas, a vista de praias, o calor, a música. Tão importante quanto um móvel ou a cor das paredes, essa presença já vale como notícia. Ao longo de tantas edições, a Casa Cor revela recantos secretos, casas conhecidas de fachadas elegantes, escondidas por trás de muros. Ou anuncia *points* novos, depois vistos como realidade – uma das melhores edições foi feita em um lançamento de condomínio na Barra, atualmente já construído e habitado.

E lá ia eu, a repórter, caderninho a postos para as anotações. Será que os arquitetos e decoradores não seriam massacrados pela tal cidade poderosa? Sei lá, há a característica que aproxima cariocas de parisienses – por força da moda, Paris também é uma cidade-referência –, nativos desses lugares são *blasés* em relação aos seus endereços. No segundo olhar, outra bela constatação. Se terraços, cozinhas, salas e quartos aproveitam os encantos locais, nunca deixam de ter seus próprios apelos, válidos em qualquer lugar do mundo. Lá estão concretizadas as tendências globalizadas. A cor escura das madeiras africanas, os rodízios, a onda dos home theaters, as – oh! – cubas quadradas! Ah! A mistura de inovação com a familiaridade do espírito *vintage*!

E os espaços? Que aulas de bom uso: desde um corredor que vira um closet de sonho até uma despensa promovida a galeria de arte, com poesia nas paredes. Aí, outro ponto notável, a integração da arte na casa, sem pretensões, apenas como um encontro de prazeres ao alcance dos prováveis habitantes. Como a bossa nova, um requinte musical sem limites de audiência. Por coincidência – alguém ainda acredita nelas? – ou por antenas ligadas, há sempre um mote geral. Nunca precisei inventar pautas, elas estavam ali, como um tema a cada edição.

Chegamos a um ponto típico da moda: a identidade pessoal. Em Casa Cor, as assinaturas alcançam o valor dos estilistas, pela criatividade e pela identificação. O time selecionado ganha personalidade, desenvolve propostas coerentes. Mais uma pauta ótima: comparar o desempenho de um arquiteto que no ano anterior trabalhou em um espaço de fumoir e agora é reconhecido pelo jeito de montar uma adega. Nas revistas do gênero, eles são tratados como celebridades, mostrando as próprias e belas casas.

Para os que muitas vezes nem visitam o evento, os que nem sempre possuem orçamentos compatíveis com a compra de uma cozinha onde receitas são lidas em DVD na tela de plasma ou dificilmente acham espaço para ter uma banheira ofurô na exígua varanda, para eles, essa casa de sonhos ensina truques que renovam a casa real. Os lançamentos, além de propor mais conforto e beleza, revelam maneiras diferentes de combinar cores, de aproveitar materiais relegados ao território dos itens cafonas, bregas ou seja qual for a palavra para traduzir objetos e comportamentos fora dos códigos considerados modernos. Ou *hypes*, como queiram.

Voltamos ao princípio. Mesmo esta mania de improvisar com materiais até então desprezados e de misturar móveis de design avançado com relíquias descoladas em baús e prateleiras empoeiradas têm tudo a ver com o estilo carioca. Esse estilo surpreendente que nos seduz todos os dias e encontra nas varandas, quartos, salas e todos os meandros de Casa Cor um reflexo capaz de fazer até a repórter mais *blasé* querer trocar desde os pisos até os tetos da própria casa.

19

casacorrio: referência e influência em decoração

Casa Cor Rio festeja 15 anos de uma trajetória bem-sucedida, com influência marcante e decisiva na evolução e configuração do mercado de arquitetura e decoração carioca. Pioneiro, o maior e mais importante evento do segmento do País, chegou ao Rio de Janeiro em 1991.

Tudo havia começado um ano antes, quando a jornalista Patricia Mayer, a designer gráfica Patricia Quentel e Lúcia Nascimento Britto, então sócia de uma sofisticada loja de móveis e objetos, se uniram para fundar a 3Plus Assessoria de Marketing. "O pulo do gato da 3Plus foi comprar a primeira franquia de eventos do País, Casa Cor, e realizá-la também no Rio", lembra o jornalista Sergio Zobaran.

Em 1991, as três sócias transformaram a antiga residência da família Catão, no bairro da Urca, em palco da primeira edição na cidade. A partir de então, solidificou-se a maneira carioca de aclimatar e adaptar uma idéia tão simples e genial: a ambientação dos diversos cômodos de um só grande imóvel pelas mãos de vários profissionais.

Da primeira edição na Urca ao evento comemorativo de 15 anos no casarão do Catete, em 2005, Casa Cor Rio percorreu um caminho de crescimento e maturação.

Criatividade tem sido determinante na busca de espaços que abrigam o evento. Surpreender é missão imperativa: o bucólico Largo do Boticário (1995); a sinuosidade das formas de Oscar Niemeyer (2002) na casa do Leblon; o estilo eclético francês no Palacete Seabra (2001), no Flamengo, hoje Casa de Cultura Julieta de Serpa; o Hotel Marina All Suites (1999); o Ocean Front, um condomínio de prédios na Barra (1998); e até uma reserva ecológica com casas construídas especialmente para abrigar o evento, na Reserva Itanhangá (2003).

Para quem está em Casa Cor, o desafio é constante. Participar da mostra passou a ser etapa do planejamento de carreira do profissional carioca. O mix sugerido pela filosofia Casa Cor sugere a participação de nomes-âncora, mas também desconhecidos com talento evidente: enquanto os novos encontram a brecha fundamental para decolar no mercado, os já consagrados ampliam seu raio de atuação. Estilos diversos formam um conjunto em que a surpresa e o impacto valem mais do que a harmonia.

O sucesso de cada edição corresponde também à sinergia de arquitetos com seus espaços, ora trabalhando um conceito de projeto que permanece após o evento – caso da edição que lançou o Hotel Marina All Suites –, ora em trabalho meticuloso de restauro, conforme aconteceu no Palacete Seabra, quando o Departamento Geral do Patrimônio Cultural (DGPC) acompanhou de perto as obras de montagem naquele imóvel tombado, possibilitando que Casa Cor ajudasse a entregar à cidade a Casa de Cultura Julieta de Serpa.

A edição comemorativa de 15 anos, em 2005, buscou um local representativo da história do Rio de Janeiro. Inúmeros imóveis tombados foram visitados até a definição pelo casarão do Catete, fechado há cinco anos, onde funcionou a loja de móveis Renascença.

O MAIOR EVENTO DO PAÍS COMEÇA ASSIM

A fórmula Casa Cor: um imóvel vazio, ambientes projetados por arquitetos, decoradores e paisagistas, obras de montagem e decoração que resultem em bela exposição.

A seleção do local, o convite aos arquitetos e a divisão dos espaços disponíveis constituem etapa criteriosa. Conciliar nomes célebres e novos valores, bem como o estilo de cada um, e ter imparcialidade nas escolhas são tarefas que exigem bom senso e paciência por parte da organização.

Mas Casa Cor começa bem antes do convite ao profissional. Ao término de um evento, já surgem ofertas e sugestões de espaços para o próximo. No início do ano seguinte, começa a etapa de visitas aos possíveis locais. O objetivo é encontrar sempre formatos diferentes em bairros diferentes.

Escolhido o local, definidos os espaços, iniciam-se as obras. Todo cuidado é pouco nesse momento. Tratando-se de patrimônio alheio, é preciso conciliar a ilimitada criatividade dos expositores e a preservação do imóvel. As equipes de arquitetos, entre pintores, marceneiros e instaladores diversos chegam a somar, em determinados momentos, mais de trezentas pessoas. O clima é agitado, os prazos precisam ser cumpridos.

Casa Cor Rio movimenta milhões de reais e mobiliza milhares de pessoas em vários segmentos. Ao longo de cinco semanas de duração, atrai cerca de 350 mil pessoas classe A que buscam conhecer tendências, selecionar profissionais ou apenas aproveitar um bom programa. Expositores participam visitando os ambientes, apresentando-os, tirando dúvidas. Chegam grupos com guia, estudantes, fornecedores, e empresas promovem coquetéis, amigos vão comemorar aniversários no restaurante. Amplamente divulgado, torna-se um *point*. Incrementado por espaços de lazer, gastronomia, lojas ou livraria, Casa Cor transforma-se em um programa completo, para os mais variados interesses. A fase final de desmontagem requer o mesmo rigor para devolver o imóvel intacto ao proprietário. Depois, é pensar na próxima edição.

UM CICLO INDISPENSÁVEL DE NEGÓCIO

Casa Cor é, hoje, um ciclo indispensável de negócio e de entretenimento para os que buscam o prazer estético que a decoração pode oferecer. O evento se realiza anualmente em 14 cidades brasileiras e em Lima, Peru.

Casa Cor é referência. Representar o momento anual mais importante da arquitetura de interiores e da decoração – evento que agrega idéias e soluções e movimenta todo um mercado de produtos do setor de decoração, design, arquitetura, construção, paisagismo. Para o profissional destes setores, é um showroom para expor trabalhos com liberdade, sem preocupações temáticas, a não ser a do próprio ambiente. O sucesso da mostra depende deles. E é neles que o sucesso repercute: ao longo dos anos, profissionais de destaque reconhecem a importância de Casa Cor no deslanchar de suas carreiras.

E para o fornecedor de produtos na área, Casa Cor é um meio eficaz de lançar e vender. Afinal, as criações dos arquitetos tornam-se imediatamente objeto de desejo de milhares de pessoas.

AFINAL,
COMO É A CASA DO CARIOCA?

nas páginas que se seguem, passeie pelo jeito carioca de morar revelado em 15 anos de casa cor rio. em vez da tradicional divisão por ambientes, os capítulos abordam as características mais marcantes da decoração feita no rio, como cor, luz, espaço, arte e design, humor, put-together, clássicos, chique, materiais, natureza e bossa carioca. e interpretam temas que permeiam nossos mundos internos de forma livre e divertida. tudo bem ao estilo carioca. são centenas de fotos com soluções aconchegantes, divertidas e idéias criativas para a casa, entremeadas por reflexões de arquitetos. entre, relaxe e curta a bossa das casas.

Pedra da Gávea

TEORIA DA RELATIVIDADE

I

espaço

Cariocas alongam a vida entre as quatro paredes. Internos, externos, espaços são sempre flexíveis... O verdadeiro arquiteto é capaz de criar a sensação de universo em eterna expansão. Explora os limites verticais, usufrui cada centímetro. Instala escadas, criando outros níveis de vida. Painéis deslizantes dão profundidade à estante-biblioteca. Milimetricamente projetada, a marcenaria faz mágicas inacreditáveis.

ABAIXO AS DIVISÓRIAS! VIVA A CASA-OCA, MULTIFUNCIONAL, COM TRADUÇÃO SIMULTÂNEA NAS MAIS DIFERENTES CULTURAS. LOFT, ESTÚDIO... O QUE VALE É A VIDA CONJUGADA EM UM SÓ AMBIENTE. VIDROS E ESPELHOS MULTIPLICAM OS METROS QUADRADOS. CORES CLARAS PROVOCAM ILUSÕES DE ÓTICA. ESTÁ PRECISANDO DE MAIS ESPAÇO? RELAXE. ASSIM COMO NÓS, A CASA É SEMPRE DESDOBRÁVEL.

Luiz Eduardo e Ana Maria Índio da Costa 2002 Pavilhão do hóspede

Todo motion, com muita luz. O pé-direito altíssimo (3,60m) é coberto por um toldo em lona branca automatizado que desliza deixando uma área descoberta. O complexo conta com loft, sala, cozinha, sala de ginástica, quarto, banheiro e varanda. O ambiente ganha uma "janela" em vidro que emoldura a piscina borbulhante com pontinhos azulados de fibra ótica. Bicicletas ergométricas ocupam a sala de ginástica. No living, a mobilidade também faz a diferença – seja nos nove sofás em sarja cinza-clara com almofadas palha, agrupados de acordo com a necessidade, seja na TV plasma que desliza em trilhos de alumínio suspensos e pode ser movida para o quarto, que tem parede reversível (dry wall), separada por uma porta inteiriça.

<< PÁGINAS ANTERIORES Cadas Abranches David 2002 Sala de entretenimento

Ivan Rezende
2002 Snack bar

SER CARIOCA É VER O MUNDO EM CORES. Caco Borges

Cadas Abranches David 1996 Garagem

Márcia Muller 2000 Espaço Multiuso

> AO LADO Lia Siqueira 2001 Biblioteca

Todo o projeto da biblioteca partiu da manutenção de dois elementos originais da casa: a boiserie de mogno e jacarandá e a marchetaria do piso. Para isso, Lia Siqueira criou uma justaposição de planos de estantes e prateleiras que possibilitou a otimização do espaço. Na parte superior, uma prateleira sustenta cilindros de papel reciclado de Nido Campolondo, que funcionam como nichos para guardar mais livros. A iluminação é toda indireta com lâmpadas fluorescentes amarelas, e a novidade é um novo tipo de fonte de luz – led – que dispensa manutenção, já que dura vinte anos.

> AO LADO **Andrea Menezes** e **Franklin Iriarte** 2002 Varanda principal

Tudo se repete no espaço conceitual de Andrea Menezes e Franklin Iriarte, no qual o preto e o branco são as cores predominantes, somente quebradas pelo verde das plantas e do tapete. O mobiliário está concentrado no fundo do espaço. Para suavizar a arquitetura e proporcionar um clima acolhedor, foram colocados painéis iluminados no teto inclinado com cobogós.

Ricardo Hachiya 2002 Recepção

Matias Marcier e Ruy Rezende 1994 Praça Casa Cor e Café
<< PÁGINAS ANTERIORES Mario Santos e Eliane Amarante 2002 Hall de entrada

Paola Ribeiro 2002 Livraria

Rústica e moderna, o ambiente aposta nas cores sóbrias. Madeira e vidro conciliam despojamento com leveza. O lounge de pé-direito alto com sala de leitura tem atmosfera ideal. Letras pretas em relevo na parede dão toque lúdico. No ambiente também há espaço para CDs, DVDs, computador e até uma TV de plasma acoplada no guarda-corpo do jirau, criando um contraponto com a parede de tijolinhos grafite e com o tapete em sisal. Com piso de vidro, o mezanino de estrutura metálica parece flutuar e funciona como estoque de livros, acomodados em prateleiras também de vidro transparente. Estantes de aço e madeira comportam mais livros na vitrine da entrada frontal.

Calçadão de Copacabana

PRODUTO INTERNO BRUTO

II

materiais

Cariocas vivem inventando moda e experimentando na casa as mais incríveis matérias-primas. É pau, pedra, palha, ferro, aço, couro, cimento, alumínio, vidro, plástico, espelho, mármore... Econômicos ou sofisticados, naturais ou artificiais, ecologicamente corretos. Tudo se transforma, se combina ou contrasta.

SUPERFÍCIES SÃO ESPONJADAS, ESFUMAÇADAS, MANCHADAS, RESPINGADAS, ESCOVADAS, ARRANHADAS, ENCERADAS. FOLHAS DE BANANEIRA, GRÃOS DE CAFÉ, SEMENTES DE BURITI REVELAM SUA FIBRA. O QUE TRAMAM OS CIPÓS E GALHOS DE ÁRVORES? E O MÁRMORE VIRA CORIAN, A PELE PODE SER SINTÉTICA; O COURO, VEGETAL. AVELUDADAS, AS MADEIRAS EXPÕEM SEUS VEIOS E LEMBRAM: TUDO O QUE É OCULTO UM DIA PODE SER REVELADO. OS MATERIAIS USADOS SÃO LEVES E CLAROS PARA APROVEITAR O CLIMA QUENTE E A PROXIMIDADE COM A PRAIA. TRANSLÚCIDOS, PARA TIRAR PARTIDO DA LUMINOSIDADE. DESCUBRA QUAL É A SUA MATÉRIA-PRIMA MAIS PRECIOSA E GUARDE-A A SETE CHAVES.

O ESTILO CARIOCA É AUTÊNTICO
E RECUSA IMITAÇÕES. Fernanda Pessoa de Queiroz

Caco Borges 2003 Apartamento de hospedes << PÁGINAS ANTERIORES Márcia Malta Muller 1999 Apartamento

Cadas Abranches David 1992 Quarto de adolescente

< AO LADO Gisele Taranto e Isabela Lessa – Loja

A loja "flutua" sobre um espelho-d'água com carpas, revestido de vidrotil preto. Elementos próprios do Modernismo – painéis artísticos, transparência, vãos livres, concreto armado e pastilha – ganham releitura contemporânea neste ambiente. Por fora a loja é revestida de shodopack preto (revestimento belga de vidro). Um grande painel em madeira de demolição atravessa o espaço com prateleiras em que serão expostos os produtos. Três módulos expositores móveis, com acabamento em laca preta brilhante, ficam soltos no interior da loja. Cortinas de tecido acionadas por controle remoto, com acabamento de fluorcarbono, separam a área interna da externa, promovendo a integração do espaço com a paisagem.

Vicente Giffoni 2004 Restaurante

Cores neutras se harmonizam ao longo do salão com design contemporâneo. Até no piso, que reproduz desenhos de mosaico em mármore Calacata, a luz exerce papel importante (retroiluminação). A parte destinada à adega recebe vidro com moving lights. O teto de madeira acompanha a curvatura da cobertura metálica, com clarabóia central que deixa passar a luz natural e ganha feixes artificiais à noite. A adega metálica do wine bar é retroiluminada, e a iluminação é reforçada por uma curiosa luminária feita com fundos de garrafa e metal, como se fosse um "candelabro de vinho".

Fernanda Pessoa de Queiroz 2000 Restaurante

Bel Lobo e **Bob Néri** 2003 Sala de jantar
< AO LADO **Andrea Chicharo** 1998 Hall/Galeria

Erick Figueira de Mello 2003 Espaço gourmet

O rústico e o acabado convivem neste espaço. Bancos de madeira maciça de demolição contrastam com a bancada feita de um pranchão em laca branca com pés de aço enferrujado, material rústico que também reveste o piso e a grande divisória vazada, que é fixada ao chão e se mistura com tiras de espelho, refletindo a mata densa do outro lado. O teto de gesso leva luz indireta ao local. Árvores do artista Zé Bento, entalhadas em madeira espessa, complementam a decoração.

Maurício Nóbrega 2004 Garagem e recepção

Rústicos em alta no projeto de Maurício Nóbrega. As esquadrias em ferro lixado forram uma parede inteira, e tábuas de madeira envelhecida revestem o piso e se prolongam por duas paredes. Definitivamente, um ambiente masculino. Troféus esportivos que não se sabe onde guardar. Livros de automobilismo e motociclismo com carros e motos dos sonhos. Este é o espaço para acomodar tudo isso.

Cristina e Laura Bezamat 2001 Cozinha
> AO LADO Andréa Chicharo 2003 Café da praça

Patrícia e Luiz Marinho 2000 Banheiro do casal

Bastante confortável, com banheira para duas pessoas, box com chuveiro, paisagismo ao lado da banheira, TV, vídeo e som. No teto, ao lado de duas clarabóias, um painel artístico executado com gesso por João Carlos Galvão. Como revestimentos são utilizados madeira e corian no piso e pastilhas translúcidas nas paredes. A imbuia mel aparece também na bancada, no armário com rodízios e na banqueta com estrutura de aço inox. Um painel de água corrente complementa o "movimento" e a sensação de frescor do ambiente.

Miguel Pinto Guimarães 2003 Garagem

Nelson Piquet é o personagem. Os tons de terra e ferrugem colorem os 120m² que reproduzem uma oficina, com pé-direito duplo de 5,50m. A bancada de trabalho, sustentada por um cavalete, apóia um motor de carro, e um painel de marcenaria, desdobrável como um quebra-cabeça, guarda as ferramentas e alguns prêmios ganhos ao longo da carreira do piloto. No piso, cerâmica.

Jardim Botânico

UMA COR SÓ NÃO FAZ VERÃO

III

cor

Carioca adora uma cor. Manias de quem vive numa cidade maquiada pelo sol. E a casa que era branca adormece berinjela. Troca de pele, aquece. São só impressões de luz? Cada troca de tom muda o clima da casa. Hoje em dia é possível criar tintas com matizes e misturas infinitas e perfeitas.

CUSTOMIZE A SUA COR PREDILETA. REPRODUZA NA PAREDE O VERDE-ALFACE, O VERMELHO-SANGUE, O AMARELO PÔR-DO-SOL, O AZUL DO MAR. É SURPREENDENTE O PODER DA COR: ALTERA O HUMOR, EXCITA, ACALMA. NO CALEIDOSCÓPIO DE TONALIDADES DA NATUREZA DO RIO ESSE EFEITO É IMPRESSIONANTE. E AINDA DIZEM QUE COR NÃO SE DISCUTE. QUE TAL PINTAR A CASA DE ALARANJADO? E TER A SENSAÇÃO DE ESTAR CONSTANTEMENTE AMANHECENDO, COMO NO POEMA DE ADÉLIA PRADO.

Cláudio Bernardes e
Paulo Jacobsen 1994 Living

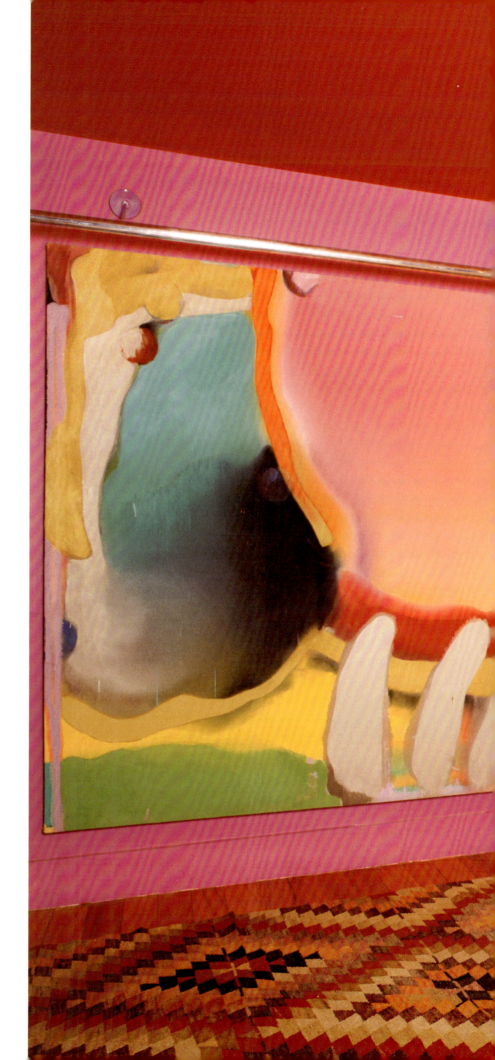

Solange Medina 2004 Family room

Solange Medina projetou um espaço multiuso, inspirada na sua própria família, já que o ponto de encontro mais atraente na casa da arquiteta é a sala de almoço. A peça-chave deste espaço é o sofá em couro branco motorizado, no qual a família pode se refestelar para assistir à TV. Refeições leves podem ser feitas sobre a mesa, que também é usada para jogos ou estudos. Detalhes em vermelho surgem como contraponto aos tons neutros escolhidos – preto, branco e cinza-prata. Por ser um ambiente de grande circulação, Solange selecionou poucos móveis. A praticidade se nota também no piso vinílico: lavável, de fácil aplicação, não causa alergia. A TV é fixada à parede, mas um sistema de articulação possibilita que gire 90º, podendo ser vista de diversos ângulos.

NO ESTILO CARIOCA O PODER NÃO ESTÁ
NO DINHEIRO, MAS NA CRIATIVIDADE. Chicô Gouvêa

Mauricio Nóbrega 2003 Café e chocolate

Chicô Gouvêa
2000 Escritório

Fátima de Abreu 2000 Family kitchen

Anexo à suíte do casal, um ambiente funcional que é, ao mesmo tempo, bar-TV-vídeo-copa-cozinha-biblioteca. O charmoso ambiente de 9m², com piso de madeira em tom castanho, comporta do café ao drinque, do lanche rápido ao milk shake ao alcance da mão. A parede laranja contrasta com a bancada de madeira que recebe objetos e eletrodomésticos.

Julinha Serrado 1996 Terraço do restaurante
> AO LADO Lucia Levy 2000 Banheiro da adolescente

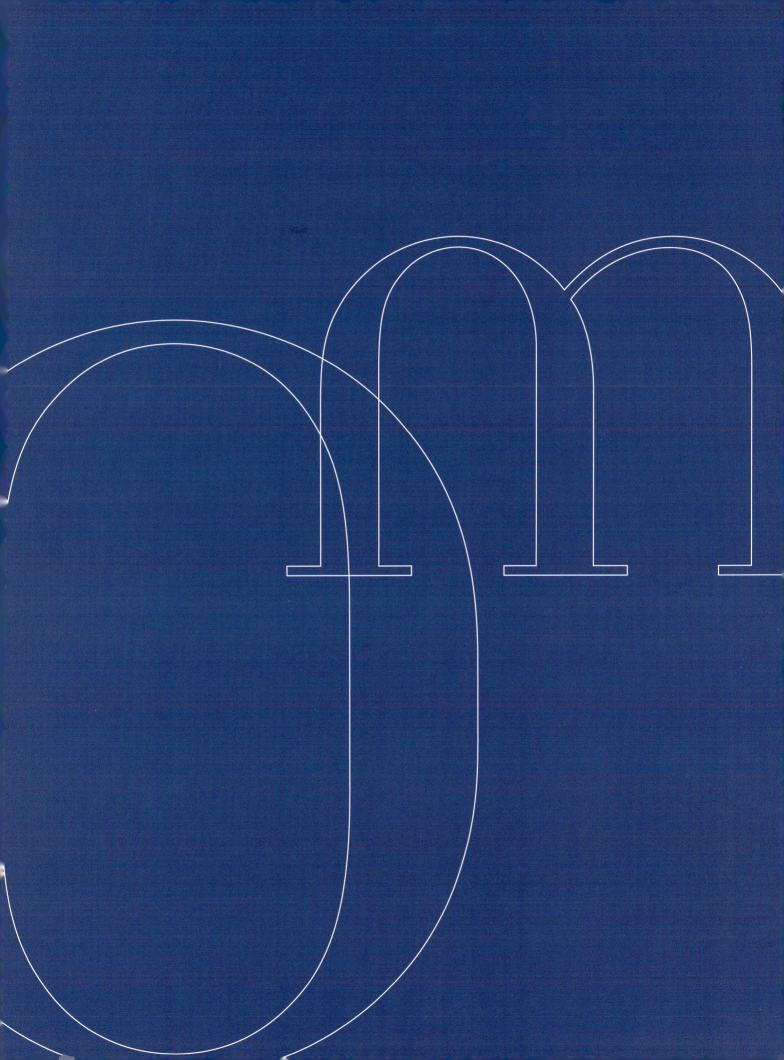

Beatrice Goldfeld 2003 Loja

Ricardo Bruno 2004 Living

Christiane Laclau e **Carolina Wambier** 2001 Sala íntima da jovem

Um ambiente de 18m² para a jovem que aprecia uma boa leitura e prefere pequenas TVs a home theaters: assim é a sala íntima da jovem. A cor é uma característica importante do espaço. O marrom das paredes, que remete à sobriedade da arquitetura clássica, contrasta com a ousadia do turquesa e do verde-limão, presentes na estante e em objetos monocromáticos, que dão um toque jovial e contemporâneo. Um sofá com almofadas estofadas de forma basteada (como eram feitos os antigos colchões de crina, com pespontos gordos nas pontas), tudo em seda indiana, faz um contraponto com a estante colorida.

Luiz Fernando Grabowsky 2004 Quarto do rapaz

Quarto projetado por Luiz Fernando Grabowsky, nas cores prata e azul, para o ídolo pop Felipe Dylon. Armários e painéis mesclam madeira escura, aço e vidro, e dão ainda mais espaço para troféus, objetos e fotos do cantor. As paredes revestidas de papel belga em tom de alumínio-claro metalizado provocam um efeito futurista. O toque de design fica por conta da escrivaninha com cadeira esteirinha.

Praia de Copacabana

LUZ É FIO CONDUTOR DA CASA

IV

luz

Carioca vive de óculos escuros. A luminosidade natural muitas vezes ofusca e pede para ser filtrada. Luz fria, quente, translúcida, natural, artificial, de velas... Difusas, dicróicas, diretas, divinas.

A INTENSIDADE É SEMPRE MUTANTE. VALE TUDO PARA PENEIRAR OS RAIOS SOLARES. BRISES MODERNISTAS, BLACK-OUTS, PERSIANAS MAGRINHAS, TELAS COM PROTEÇÃO SOLAR, PANOS INDIANOS E ATÉ O ESVOAÇANTE VOILE. ANOITECE. COMO ESTRELAS, AS LÂMPADAS BEM COLOCADAS VALORIZAM CADA DETALHE DA CASA. SANCAS SUTIS LANÇAM FEIXES QUASE IMPERCEPTÍVEIS. É SÓ MEXER NO DIMMER PARA EXPERIMENTAR UMA EMOÇÃO DIFERENTE. PALMAS PARA O ETERNO ABAJUR! CARIOCA PEDE O DOMÍNIO DA LUZ.

Paulo Jacobsen e
Thiago Bernardes
2003 Projeto da casa

O CARIOCA TEM AQUELA COISA DE ESTAR DE BEM COM A VIDA, QUE ACABA SE REFLETINDO EM TUDO O QUE ELE FAZ. Bel Lobo

Pedro Paranaguá 1996 Terraço da sala íntima   > AO LADO **Ricardo Bruno** 1997 Sala de banho

Pedro Paranaguá 2000 Banheiros públicos
<< PÁGINAS ANTERIORES Erick Figueira de Mello 2000 Banheiro público do restaurante

SER CARIOCA JÁ É UM ESTILO.
MORAR TAMBÉM. Zau Olivieri

Caco Borges 2004 Spa Deca

No terreno estreito e íngreme, cinco ambientes distintos e bem divididos formam o spa em casa. Bege e azul são as cores predominantes. Toda a fachada foi revestida com vidro azulado, e o vidro fumê transparente foi a escolha do arquiteto para a cobertura, que deixa passar a luz natural. Vidros azuis e prata estão perfeitamente integrados com o piso em réguas de jequitibá e de limestone. As paredes são texturizadas e levam painéis alternados de vidro, espelho e carvalho. Na iluminação, pontos direcionados e peças de design.

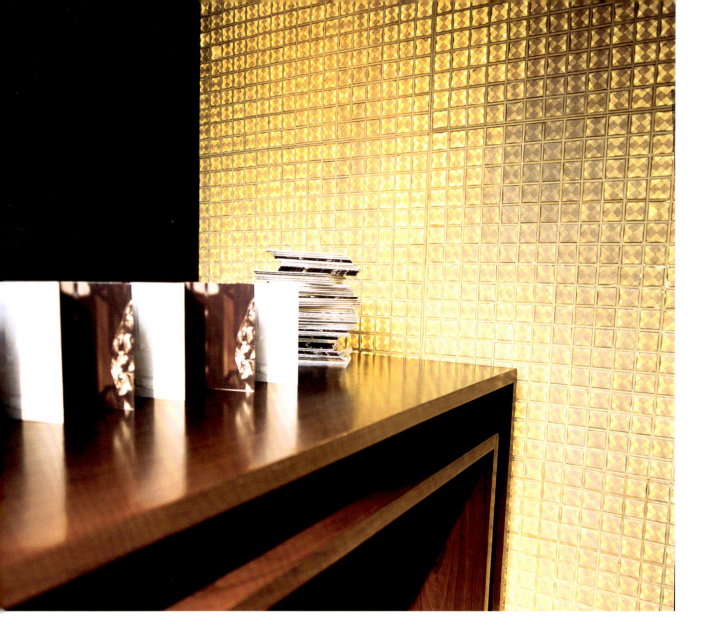

Bel Lobo e Bob Néri 2001 Galeria de arte

> AO LADO **Ronaldo Saraiva** 2000 Livraria

Para receber uma coletânea dos melhores livros de arquitetura, design, decoração e arte, o arquiteto desenhou estantes de alumínio e para abrigar CDs de jazz e MPB, um grande painel. O teto forrado de papel belga leva uma luminária de acrílico fotodigitalizado. A inovação fica por conta do piso de vidro iluminado.

Cláudio Bernardes
e Paulo Jacobsen
1997 Cafeteria

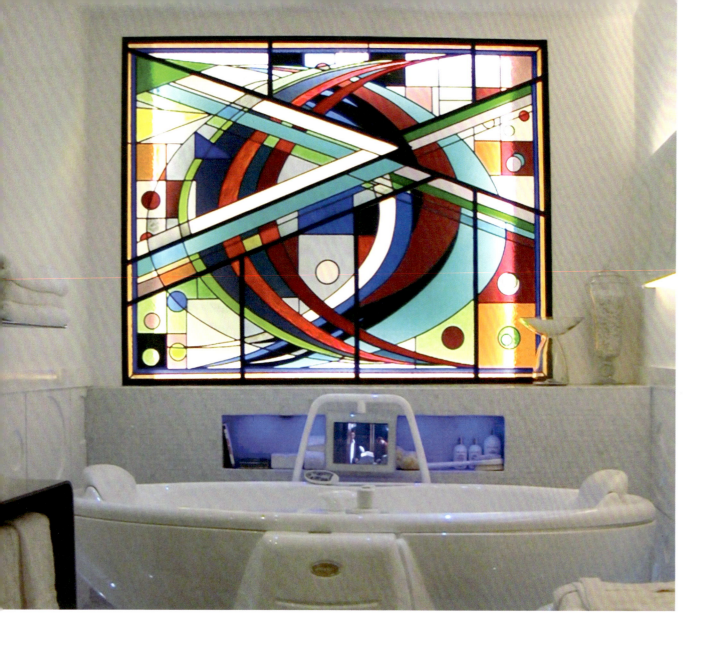

Osni Jr. e **Carlos Eugenio Figueiredo** 2002 Banheiro do rapaz

Um banheiro sob medida para um jovem webdesigner antenado com a tecnologia moderna e sensível às artes, os dois segmentos propulsores de sua carreira. Num espaço de pouco mais de 12m² essencialmente clean, Osni e Carlos Eugenio criaram um ambiente no qual o rapaz possa relaxar. Herança do projeto modernista de Oscar Niemeyer, os vãos entre as janelas ventilam e iluminam o ambiente, que teve as peças distribuídas com funcionalidade. As formas sinuosas e orgânicas figuram aqui como um ornamento suave em círculos aleatórios aplicados à boiserie em laca branca, simbolizando o elemento geométrico universal. Destaca-se o vitral desenhado pelos arquitetos, inspirados nas estampas coloridas de Emilio Pucci, muito cultuadas nos anos 1960 e 1970.

Luiz e Patrícia Marinho 1995 Solarium

O ESTILO CARIOCA ABSORVE MUITAS TENDÊNCIAS
E AS INTERPRETA COM ALEGRIA E DESPOJAMENTO.
ELEGÂNCIA DESPOJADA. Christiane Laclau

115

Praia do Flamengo

TUDO JUNTO AO MESMO TEMPO

V

alquimia

Carioca vive misturando tudo. O móvel de design e o lustre de família; o tapete marroquino e a arte contemporânea; os copos de cristal e a peça de artesanato. O arquiteto e o dono da casa fazem a alquimia entre o leve e o pesado, o presente e o passado, o claro e o escuro. Repare como as cadeiras-medalhão combinam com a mesa Saarinen de design escandinavo. E a estante de livros convive bem na sala de jantar.

PUXA, COMO FICOU BOM O RODÍZIO DOS MÓVEIS! CASA COM A HISTÓRIA DO DONO NÃO TEM RECEITA, LEVA TEMPO PARA "DAR" LIGA. VIVA "SÃO" PEDRO ESPÍRITO SANTO! O ARQUITETO PORTUGUÊS QUE DESEMBARCOU EM TERRAS BRASILEIRAS, NA DÉCADA DE 1980, E LANÇOU POR AQUI O ESTILO "PUT-TOGETHER". CASA É COMO A VIDA, ESTÁ SEMPRE MUDANDO...

Fernanda Pessoa de Queiroz 2004 Banheiro feminino

No banheiro feminino, dominam a cena as linhas geométricas e os tons naturais resultantes do casamento entre pedras e madeira. Imponente, um paredão com ares de castelo medieval é recoberto por granito bruto apicoado. A cuba alta sobreposta na bancada baixinha de tronco de madeira bruta é alinhada com a banheira de granito. Explorando a verticalidade, um blindex é espelhado do piso ao teto e separa a área molhada do banheiro. Vaso e bidê flutuantes dão leveza ao projeto. Uma cadeira Napoleão III atoalhada dá uma pitada de irreverência.

< AO LADO **Stella de Orleans e Bragança** 1992 Quarto do casal
<< PÁGINAS ANTERIORES **Rogério Ribas** 2003 Varanda e piscina

Lila May Bueno 2000 Anexo do living < AO LADO Helio Fraga 1999 Apartamento
< NO ALTO Luiz Fernando Grabowsky 1997 Anexo da sala de estar

CARIOCA EM CASA TÁ NA RUA E, NA RUA, TÁ EM CASA.
Fabio Bouillet

Raul Amorim e Pedro Paranaguá 1992
Fachada/Varanda

<< PÁGINAS ANTERIORES **Luiz Fernando Grabowsky** 2002 Anexo do living

Chicô Gouvêa 2002 Sala de almoço

Um ambiente clássico e moderno: essa é a cozinha do dono da casa que tem como hobby cozinhar. Tudo é informatizado: as receitas ficam armazenadas nos dois terminais de computador e uma TV de plasma transmite programas com o tema preferido do dono da casa. Armários em peroba do campo, aço, paredes de couro e poliéster colorido com aparência de acrílico âmbar fazem um mix entre peças de estilo contemporâneo com toques clássicos de gravuras do século XIX em montagens modernas. Maneco Quinderé assina a iluminação.

Jardim Botânico

VI

verde

Carioca adora tomar partido do verde. Ele invade os espaços mais inusitados. Seja em interferências na arquitetura, seja em detalhes na decoração. Nos canteiros, hibiscos. Nas varandas, bromélias. NOS VASOS, ORQUÍDEAS. NAS PAREDES, HERAS. NOS JARDINS, PALMEIRAS. NO QUINTAL, MARIAS-SEM-VERGONHA. NA COZINHA, ERVAS. NOS VASINHOS, ROSAS. NOS CANTINHOS, MUSGOS. NAS FLORES, PÓLEN. NO AR, CLOROFILA. NA VISTA DA JANELA, MATA ATLÂNTICA. NO TEMPO, SEMENTE. NAS ESTAÇÕES, BROTOS. MENINO DO DEDO VERDE: PODE TOCAR QUE A CASA É SUA.

Anna Luiza Rothier 2003 Jardim da recepção

Stella de Orleans e Bragança 2002 Pavilhão lounge

> AO LADO **Paulo Antonini** 2003 Jardim da saída

O jardim da saída reproduz uma atmosfera oriental e traz um pedaço de Bali para dentro da Casa Cor. Duas mesas de jogos fazem a diversão dos visitantes. Solto no jardim, um grande espelho e uma girafa contemplando a própria imagem dão o toque surrealista. Um lago com gazebo da Indonésia convida à meditação, adornado com a deusa balinesa Ganesh e com um Buda em pedra. A vegetação – composta por *Agavea octopus*, da coleção particular de Burle Marx (planta semelhante aos tentáculos do polvo), palmeiras Bismark de folhas prateadas em leque e palmeiras Woodshia, com formato de rabo de raposa – faz contrastes de luz e sombra em contato com a iluminação. Do jardim à saída da casa, Paulo delimita o caminho com madeira teka e cacos de pedra.

Anna Luiza Rothier 2004 Jardim da entrada

Clarice Perrone 2003 Jardim do loft

Clarice Perrone procura transmitir a idéia de paz criando vários ambientes onde é possível relaxar sem deixar de curtir as últimas novidades tecnológicas, como o som ambiente com controle via keypad. A paisagista procurou criar o conceito de jardim tropical, com espécies brasileiras. A vegetação abraçando as áreas de estar e delimitando caminhos transmite sensações e estimula os sentidos, aguçados pelo barulho do riacho e do perfume das flores. Clarice se inspira na tradição dos povos indígenas norte-americanos, que ao se sentirem tristes ou cansados, abraçavam uma árvore bem robusta para trocar energia entre a terra e o universo.

O ESTILO CARIOCA É A ESSÊNCIA DA ALMA DO CARIOCA: LEVE E DE BEM COM A VIDA. Lila May Bueno

Fernando Chacel 2002 Jardim do pavilhão lounge > AO LADO Cecília Monarcha 2003 Jardim de entrada

Caqui Fontes 2002 Jardim de frente

Lucia Levy, Sonia Pirá e Fernando Acylino 2003 Estufa

Fallingwater, a casa modernista projetada por Frank Lloyd Wright, inspirou a estufa de bromélias assinada por Fernando Acylino, Lucia Levy e Sonia Pirá. O ambiente, de 25m² de área interna e 20m² de área externa, produz um microclima equilibrado entre temperatura e ventilação, graças à tecnologia moderna. Um jardim com espelho-d'água, cascata e plantas aquáticas, como ninféias e taboas, formam a parte externa. O jardim no entorno da estufa é inspirado na vegetação de sub-bosque da Mata Atlântica.

Maritza de Orleans e Bragança 2002 Jardim secreto

Hotel Copacabana Palace

CLÁSSICO É ETERNO

VII

clássico

Cariocas afirmam: o clássico pode ser moderno. Abusando da ousadia, reinventam o dossel com linho branco; estofam a cadeira Luiz XV com palha. E vivem felizes para sempre. Detalhes clássicos e contemporâneos são constantes em ambientes modernos, sofisticam os espaços.

MÓVEIS DE ÉPOCA, TAPETES ORIENTAIS, MURANOS EVOCAM A TRADIÇÃO, ENQUANTO LINHAS RETAS, CADEIRAS DE DESIGN, A TECNOLOGIA DE ÚLTIMA GERAÇÃO DÃO UM TOQUE DE MODERNIDADE. CLÁSSICO, NEO-CLÁSSICO, RELEITURA DO CLÁSSICO, NÃO IMPORTA A CLASSIFICAÇÃO. ATEMPORAL E RICO EM REFERÊNCIAS HISTÓRICAS, O CLÁSSICO SINTONIZA COM TUDO. LUSTRES DE CRISTAL BALANÇAM E TILINTAM COM A BRISA... O ACERVO PESSOAL DA FAMÍLIA CONTA HISTÓRIAS. VAMOS ESCAPULIR PARA O MUNDO DO *TROMPE L'OEIL*! E AO SOM DE UMA VALSA RODOPIAR PELA CASA ECLÉTICA. DIZEM QUE O CLÁSSICO É ETERNO.

Lila May Bueno 1999 Apartamento
<< PÁGINAS ANTERIORES **Geraldo Lamego** 1992 Living

Rogério Ribas
2001 Galeria superior

Luiz Fernando Redó e Carlos Hansen 1996 Sala de jantar

Luiz Fernando Grabowsky 1996 Quarto do casal
> ao lado Cláudio Bernardes e Paulo Jacobsen 1995 Quarto do casal

A DECORAÇÃO CARIOCA TEM UM CHARME PRÓPRIO, NÃO FICA PRESA A MODISMOS, A TER TUDO DE NOVÍSSIMA GERAÇÃO. HÁ UM DESCOMPROMISSO EM LIDAR COM TUDO. Erick Figueira de Mello

Museu de Arte Moderna

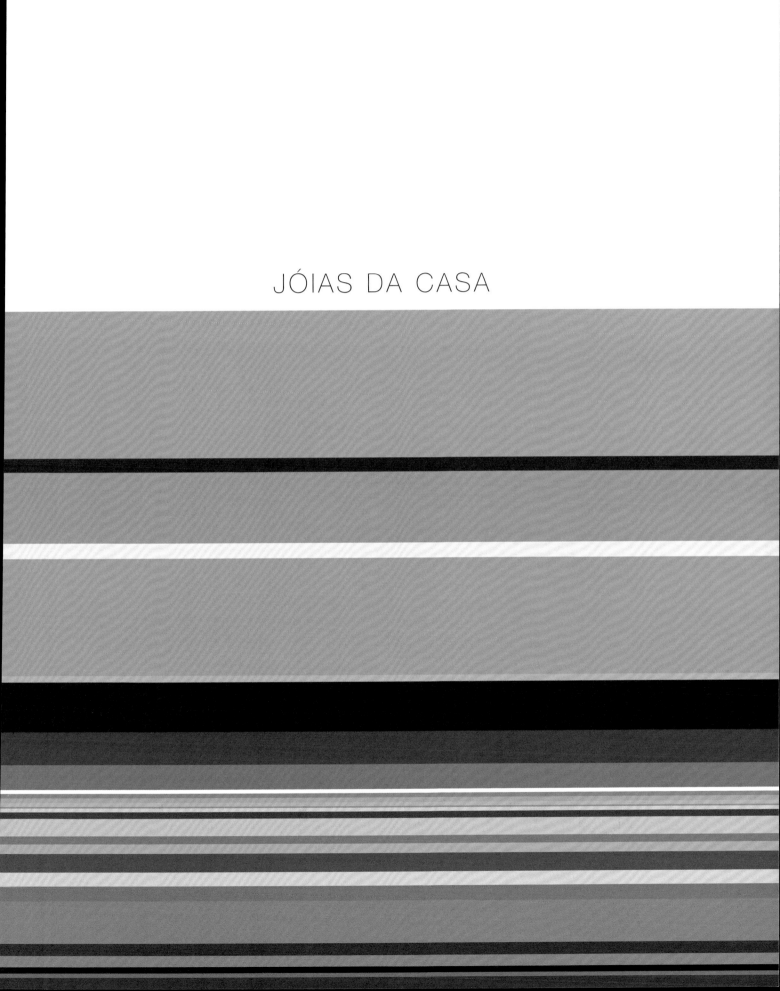
JÓIAS DA CASA

VIII

arte e design

Carioca gosta de conviver com arte. Arte é única; molda o caráter da casa. Design foi feito para ser produzido em série; conjugar forma e função. Uma peça de design ganha *status* de obra de arte, dependendo da maneira como for utilizada. Alguns arquitetos usam esculturas como base de um móvel. Outros fazem da casa uma verdadeira galeria de arte. Abusam até das instalações.

CERTAS PEÇAS DE ARTESANATO POPULAR SÃO UMA ESPÉCIE DE PRÉ-DESIGN; O PRÓPRIO USO DIÁRIO APERFEIÇOA A FORMA. ARTE PRECISA DE RESPIRAÇÃO; DESIGN, DE UTILIZAÇÃO. EM ALTA NA CASA, OSCILAM NA COTAÇÃO DA BOLSA DE CADA UM. E ESTÃO ENTRE OS NOSSOS MELHORES PRODUTOS TIPO-EXPORTAÇÃO. DESIGN QUANDO É BOM VIRA UM CLÁSSICO. JÁ A ARTE TRANSFORMA-SE EM OBRA-PRIMA.

Luiz Marinho 2003 Sala íntima e circulação

Projetado especialmente para um colecionador de arte contemporânea que ama do jazz à literatura, este ambiente tem 46m² e é dividido em duas partes: uma sala íntima e uma circulação. A sala fica num mezanino, onde é possível trabalhar e relaxar. Não faltaram equipamentos tecnológicos e frigobar. Tudo para proporcionar conforto e conveniência.

Lia Siqueira 2000 Sala de jantar

Uma "floresta" formada por "árvores de livros". A sala de jantar de um colecionador de arte tem livros de arte em profusão. O revestimento das paredes e do piso são atrações à parte: uma parede é revestida por pele de cabra, a outra, por pequenas placas de madeira branca, formando ondulações; já o piso é de peroba do campo de demolição.

André Piva e Silvia Zobaran 2002 Fumoir

Lia Siqueira 2002 Living

Roberta Moura Borges 2004 Banheiro público

O contemporâneo e o antigo se encontram neste espaço. Paredes e teto de cimento dão idéia de unidade, com toque de cor no piso de vidrotil vermelho e na cuba de vidro transparente no mesmo tom caliente.

> AO LADO Patrícia Marinho e Fátima de Abreu 2003 Suíte do casal

< AO LADO **Ivan Rezende** 2001 Quarto do rapaz

A curadoria teve como objetivo caracterizar e unificar em forma de arte/literatura/objeto a personalidade do espaço. A coleção é baseada em artistas plásticos que usam a palavra no contexto da expressão artística. A poesia concreta está presente com textos de Décio Pignatari e dos irmãos Campos. O projeto de iluminação contempla a questão do racionamento de energia, partindo de arandelas e concentrando apenas um ponto central direcionado à teatralidade do espaço.

Maria Carmem e **André Lopes** 1992 Galeria

Lia Siqueira 2004 Ateliê de marcenaria

UMA ARQUITETURA E UMA DECORAÇÃO MENOS PRETENSIOSAS. NÃO OSTENTA MUITO. PREFERE MATERIAIS QUENTES A FRIOS. É DESCONTRAÍDA, AGRADÁVEL E SOFISTICADA. Fábio Cardoso e Alexandre Lobo

Fernanda Pessoa de Queiroz 2002 Laboratório do gourmet

< AO LADO Vera Rupp Secco 1999 Hall do 4º andar

Vera Rupp pretende fazer de seu hall um espaço mais gráfico que decorativo. Para isso, escolheu as cores preta e branca para aplicar desde o porcelanato do piso. O grafismo segue pelas paredes, com desenhos pintados nas mesmas cores.

Bel Lobo e Lilian Nóbrega 2000 Tabacaria

Marise Kessel e Carmen Zaccaro 2002 Sala do hobby

A paixão pela sétima arte retratada por Marise Kessel e Carmen Zaccaro, que pensaram, nos mínimos detalhes, nas necessidades de um cinéfilo. Um grande nicho abriga um bar com suas bebidas preferidas, livros sobre cinema, charutos e tudo o mais para acompanhar o prazer de assistir a um bom filme. A marcenaria executada remete a uma fita de filme, com quadradinhos iluminados e fotos de filmes atuais e de clássicos, como "Um corpo que cai" de Alfred Hitchcock, ficam expostas sobre a parede de pedra. A automação está presente no projeto; a iluminação de Maneco Quinderé pode ser modificada de acordo com o clima do filme escolhido.

Instituto Moreira Salles

ELEGÂNCIA

IX

semprechic

Carioca é chic-simples. Mas não vive sem um chic-barroco, chic-romântico, chic-provençal, chic-moderno, chic-império, chic-clássico, chic-minimalista, chic-rococó. Chiquerésimo...

OBSERVE O ANDAR GRACIOSO DE UMA GARÇA. TUDO O QUE É ELEGANTE PODE SER EXTREMAMENTE CHIC. A BOSSA DO ESTILO "CHIC-DESCONTRAÍDO" DO CARIOCA ESTÁ NOS ELEMENTOS DESPOJADOS. CASA CHIC É RESULTADO DE UMA MISTURA BEM TEMPERADA DE ESTILOS. DIFERENTES E ATÉ ANTAGÔNICOS CONVIVEM EM PERFEITA HARMONIA. NÃO HÁ NADA MAIS CHIC DO QUE O BRANCO OU O PRETO BÁSICO. CHIC QUANDO É CHIC MESMO NÃO SAI DE MODA.

Paola Ribeiro 2003 Studio 3

Uma bancada multifuncional percorre os 40m² desse espaço, integrando quarto, cozinha, living e banheiro, de maneira moderna e eficiente. Em silestone areia (pedra aglomerada de quartzo e cristal), ela ganha diferentes funções em cada cômodo. Atrás da cama, uma parede forrada com placas de bambu prensado dá origem ao painel que camufla o banheiro e o armário. E a bancada continua seu percurso, chegando ao banheiro, onde dá suporte à pia, e segue até a cozinha. Acima da bancada, uma cavidade contínua na parede é usada como estante, de acordo com cada necessidade: na cozinha, guarda copos, taças e colheres; no living, CDs, e no banheiro, perfumes e escova de dentes.

Lila May Bueno e Marta Guimarães 2003 Ponto de encontro

Ponto de encontro é um conceito amplo – pode ser desde um living a um lounge, ou mesmo um lobby de hotel. O importante é que seja um local agradável. O espaço apresenta uma imagem conceitual de véus que servem ora como divisórias fluidas, ora como suporte de imagens que podem ser vistas pelos dois lados por causa da transparência. Essa virtualidade do espaço acaba por criar um contraponto com o mobiliário antigo e peças orientais. A mescla dos crus com as tonalidades de banana integra-se à paisagem, enquanto o bambu contrasta com o revestimento das paredes, que lembra um cimentado.

Joy Garrido 2004 Quarto do casal

< AO LADO Maurício Prochnik 2001 Adega

Dois ambientes em um espaço de 16m², a adega de Maurício Prochnik tem capacidade para 500 vinhos. Uma porta de esquadria de madeira e vidro, com 2.50m de altura, divide o espaço em dois ambientes refrigerados por ar-condicionado. Na adega, a inclinação das prateleiras e o piso com seixo rolado, que mantém a temperatura e a umidade, reproduzem as condições ideais de conservação da bebida. Já o ambiente destinado à degustação tem assoalho de madeira e paredes em vermelho. Nele, um banco em "L" forrado de tecido italiano tipo palha e cinco mesas de madeira garantem lugares para 12 pessoas.

Cristina e Laura Bezamat 2004 Sala de almoço
> AO LADO Zau Olivieri 1998 Quarto de passar

Caco Borges 2000 Pátio do restaurante

> AO LADO Zau Olivieri 2001 Chapelaria

Zau Olivieri aproveitou ao máximo a arquitetura da casa e, com boas doses de imaginação, transformou seu pequeno espaço em um ambiente que tem um certo clima noir, dramatizado pela iluminação assinada por Maneco Quinderé. O racionamento de energia foi solucionado em grande estilo: um imenso lustre em ferro batido branco com pingentes e cinqüenta velas, fornecido por Lucia Helena Aguiar, dispensa o uso de luz elétrica.

Paula Neder e Alexandre Monteiro
2001 Quarto de hóspedes
> AO LADO **Márcia Muller** 2001 Quarto de vestir feminino

Pedro Paranaguá 2002 Cozinha

Na concepção de Pedro Paranaguá, a cozinha é o ambiente em que acontecem verdadeiras "festas de Babette", local de encontro da família e dos amigos, com todos dando palpite e participando intensamente do processo de confecção dos pratos. Tudo isso, sem deixar de ser chique, moderna e funcional. A elegância está presente na cor preta, que predomina nos azulejos das paredes, nos armários em madeira ebanizada, em alguns eletrodomésticos ou nos tampos das bancadas em silestone (mármore industrializado).

Andrea e Franklin Iriarte 2004 Lavanderia

Um espaço racional, objetivo, contemporâneo... e uma releitura da área de serviço. Muito cimento e pastilhas brancas ajudam a construir a aparência para o espaço que prima pelo aspecto industrial. Num projeto que surpreende com a aplicação de soluções e materiais disponíveis no mercado e só utilizados em áreas consideradas "nobres", a lavanderia foi tratada com o mesmo cuidado dispensado a qualquer outro ambiente. Escovinhas revestem as paredes e sacolas fashion guardam a roupa limpa.

Paula Neder e
Alexandre Monteiro
2002 Banheiro da mulher

Gorete Colaço 2003 Livraria

O colorido da livraria de 40m² está nos livros e em pequenos detalhes da decoração. Um projeto clean, no qual reinam o branco e as madeiras neutras. No centro da livraria, uma mesa expositora de madeira, em estilo inglês, divide as atenções com o balcão de atendimento, um aparador em "C", de laca branca, bem fininho. O piso é despojado, revestido em madeira laminada, com tapete de couro marrom. A vitrine faz uma interessante mistura de alvenaria – com rasgos de luz semelhantes a uma lanterna – com vidro, deixando à vista os bambuzais da exuberante vegetação externa.

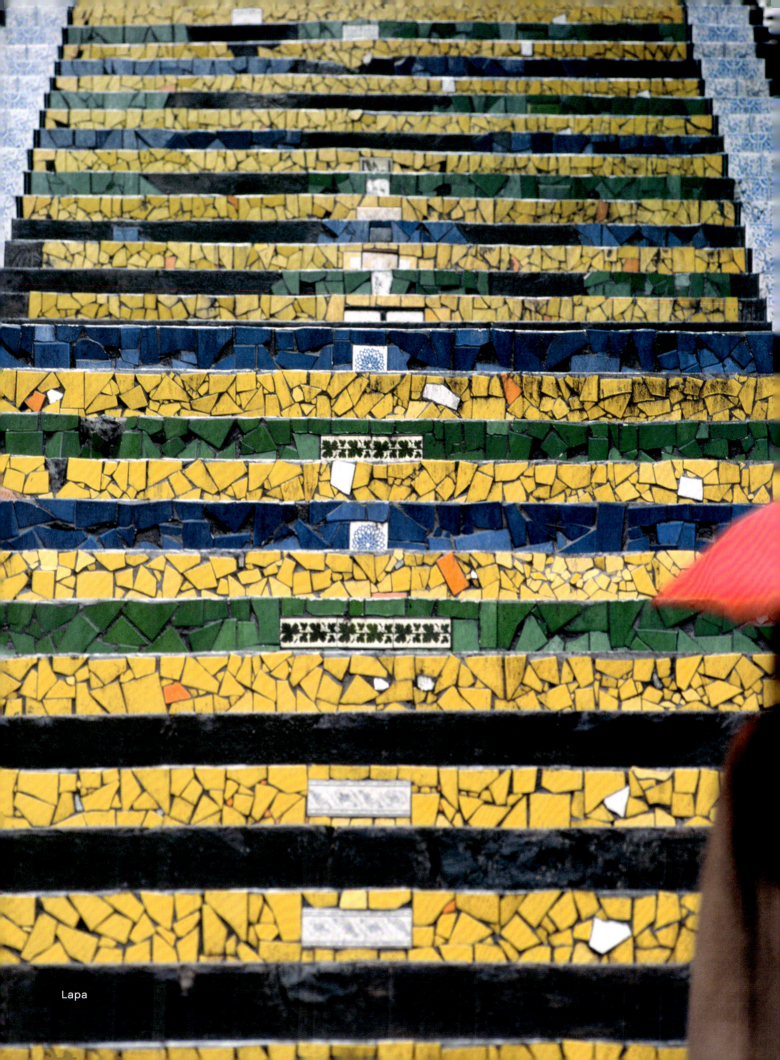
Lapa

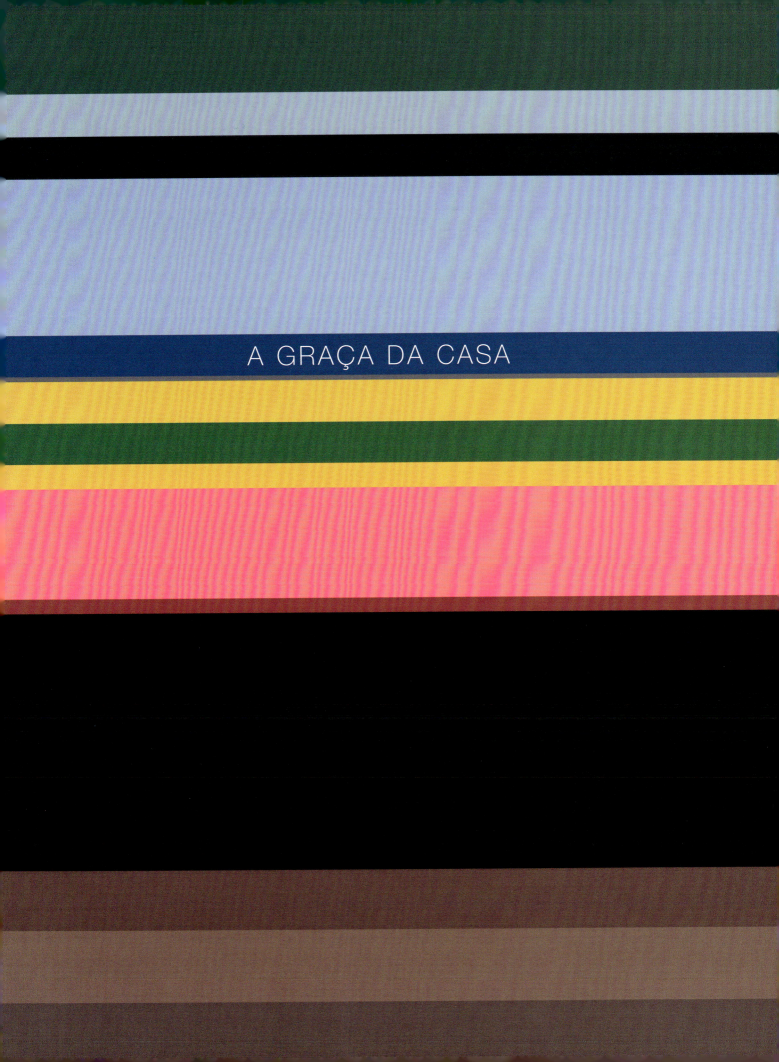
A GRAÇA DA CASA

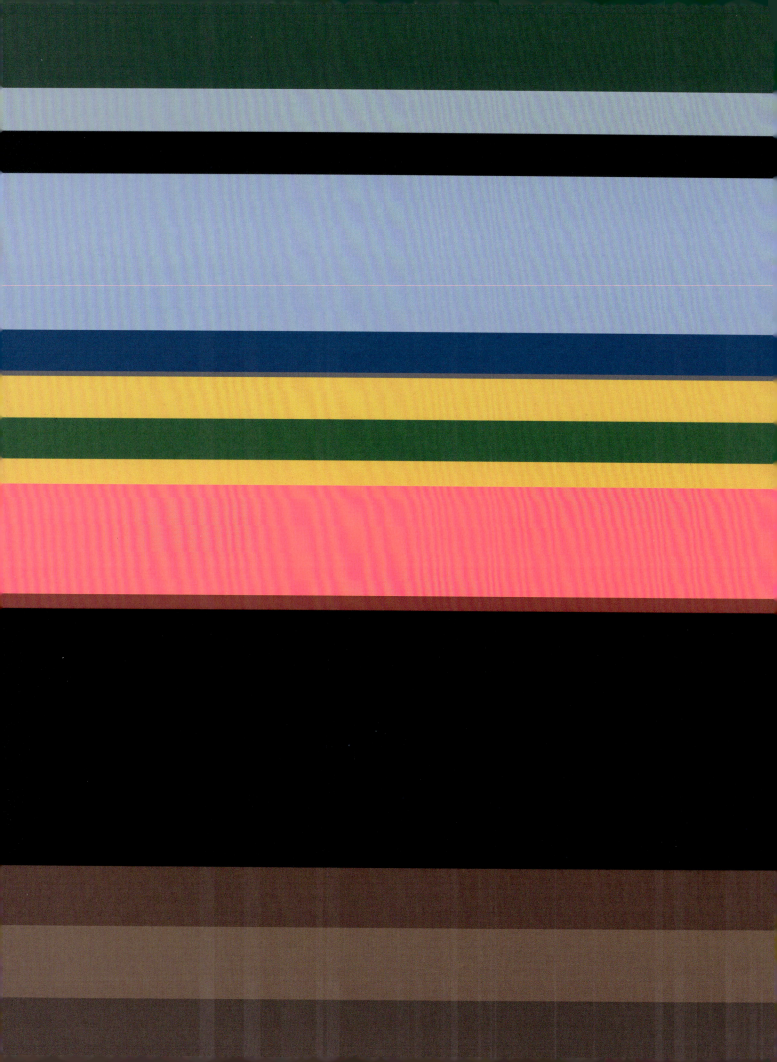

X

originalidade

Cariocas sempre colocam uma pitada de humor na casa. Almofadas peludíssimas servem também para abraçar. Móbiles gigantes em forma de peixe e submarino dão leveza lúdica ao ambiente. Se você não gostou da idéia, saia em busca de seu humor-próprio. Você é fã de quadrinhos? ENTÃO GRAFITE NAS PAREDES AS CENAS MAIS INESQUECÍVEIS. EMPILHE DEZENAS DE GARRAFAS VAZIAS NO SEU BAR. TEMATIZE OS BANHEIROS. PROJETE AS IMAGENS DO TELÃO NO TETO. BRINQUE COM AS PROPORÇÕES. VALE TUDO O QUE FOR INUSITADO. QUE TAL UM RELÓGIO GIGANTE NA PAREDE DA COZINHA? CASA BEM-HUMORADA É ANTIOXIDANTE. CUSTA A ENVELHECER.

SE FOSSE PENSAR EM UM ÚNICO TIPO DE CARIOCA, SERIA ESTE QUE TEM A DISPONIBILIDADE DE TRAZER A VISTA, A COR DO CÉU, O VERDE DAS MONTANHAS, ESTA PAISAGEM INACREDITÁVEL QUE NOS CERCA PARA DENTRO DA CASA. Beatrice Goldfeld

Mauricio Nóbrega 2001 Bar << PÁGINAS ANTERIORES **Marcia Muller** 2002 Adega e sala íntima

Cynthia Pedrosa 2003 Atelier da florista
> AO LADO Mario Santos 2000 Snack bar

Zau Olivieri 2003 Banheiro feminino   >> PÁGINAS SEGUINTES Paula Neder e Alexandre Monteiro 2000 Gourmeteria

> AO LADO Cadas Abranches David 2000 Bar

A escolha e a disposição dos elementos presentes no ambiente de Cadas mostra a opção do arquiteto por peças essenciais para o funcionamento de um bar destinado à espera de uma mesa no restaurante. Um dos fatores que integram o projeto arquitetônico ao ambiente é a iluminação, colocada em placas de vidro na parede branca, o que proporciona um clima intimista.

Laura e Cristina Bezamat 2003 Banheiro do rapaz
> AO LADO Mauricio Nóbrega 1998 Piscina/Sake bar

Fabio Bouillet, Alessandro Sartore e Rodrigo Jorge 2004 Banheiro público de restaurante

< AO LADO Rogerio Antunes e Bernardo Schor 2001 Quarto de adolescente

O pé-direito alto de volta com a multiplicação dos lofts. Conservado na maioria dos ambientes da casa, permite a otimização do espaço e a criação de diversos níveis, como no quarto de Bernardo Schor e Rogério Antunes que traz a cama suspensa.

André Piva e Sylvia Zobaran 2004 Quarto de vestir masculino

Mais que um quarto de vestir, este é um local para guardar outros objetos pessoais como livros, revistas, charutos, sacolas de couro e tacos de golfe. Pode-se ouvir música e assistir ao noticiário enquanto se arruma de manhã. A dupla de arquitetos investe em móveis clássicos e em tons neutros. O espaço é sóbrio, bem masculino; peças em couro escuro contrastam com um tapete de listras coloridas. O toque irreverente fica por conta de uma mesa de trabalho desenhada por Geof Kern, montada apenas com livros.

Lula David e Cristiana Mascarenhas 1991 Banheiro das crianças

Lagoa Rodrigo de Freitas

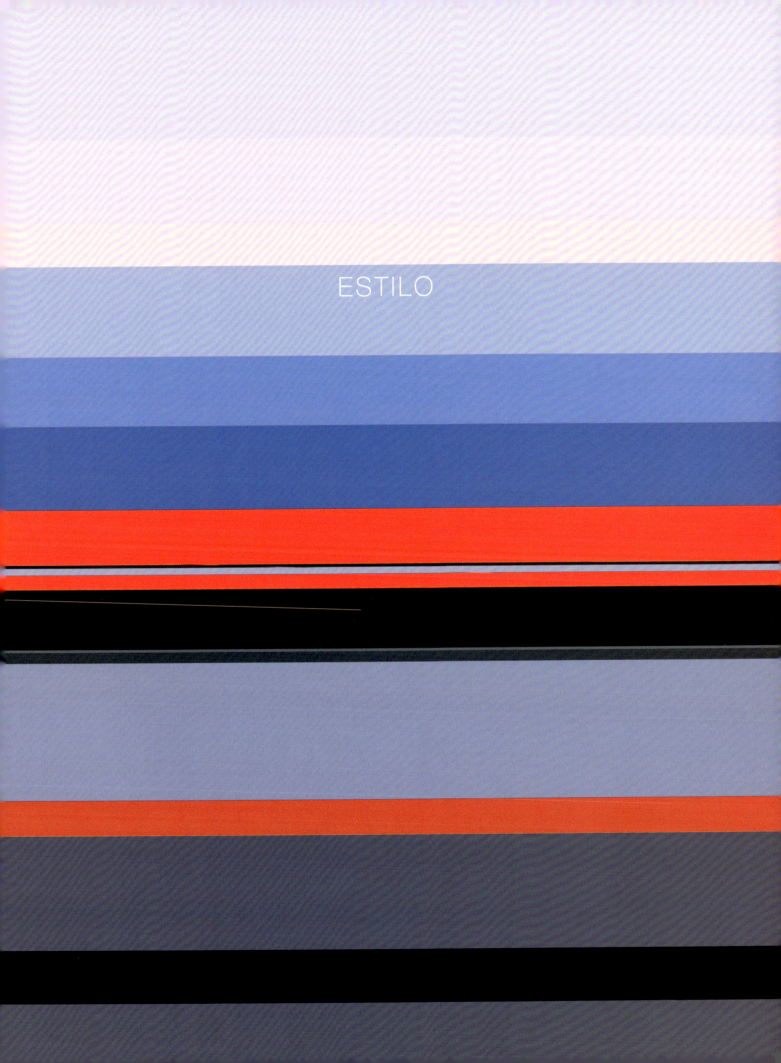

XI

bossacarioca

Casa de carioca fica na praia, no pé da montanha, na beira da Lagoa. E é casa de cidade. Deita no futton da sala, curte a vida conversível aberta para as palmeiras imperiais. O Jardim é Botânico, abençoado pelo Redentor. Num doce balanço, a *lycra* dos biquínis de Ipanema veste as poltronas.

BICICLETAS E PRANCHAS DE SURFE SÃO AS CONVIDADAS DE HONRA NA SALA ÍNTIMA. AS JANELAS EMOLDURAM A CADA SEGUNDO UM CARTÃO-POSTAL, REFLETINDO O PÃO DE AÇÚCAR, A PEDRA DA GÁVEA, OS DOIS IRMÃOS, OS HOMENS ALADOS E A IMENSIDÃO DO MAR. COMO É O ESTILO CARIOCA? DESCONTRAÍDO E DIVERTIDO. COLORIDO, MISTURADO, IRREVERENTE E MUTANTE. CASA DE CARIOCA É DOURADA PELO SOL E FICA A CAMINHO DO MAR. RIO, EU GOSTO DE VOCÊ!

Stella de Orleans e Bragança 2001 Espaço família

O local de encontro da família representado pelo ambiente alegre e descontraído de Stella de Orleans e Bragança mistura o clássico, presente na pintura branca e no piso conservado de parquet com madeira lustrada, com o toque contemporâneo nas cores e no design de móveis, como a poltrona italiana de veludo vermelho em forma de pétala de rosa, no tapete de couro branco e na cortina de voile de seda furta-cor, laranja e vermelha.

> AO LADO Mauricio Nóbrega 1997 Sala de estar
<< PAGINAS ANTERIORES Pedro Paranaguá 2001 Restaurante

Paulo Jacobsen, Thiago Bernardes e Miguel Pinto Guimarães 2002 Pilotis

Pedro Paranaguá 2003 Living

O living é pop, luminoso, alto-astral. Este é o estar do cantor Lulu Santos, homenageado por Pedro Paranaguá. Guitarras, fotos, letras de músicas e prêmios do cantor se misturam a peças lúdicas que também fazem parte da sua decoração, como dinossauros e miniaturas de aviões. As cores do espaço de 53m² são o preto e o branco, com toques de vermelho. No estar do performático Lulu não poderia faltar uma enorme TV, além de um projetor que vai reproduzir na parede imagens psicodélicas. Sobre o piso em tinta epóxi branca com detalhes em mármore preto, é colocado tapete de pêlo preto. As paredes também recebem tinta epóxi branca, com exceção da que faz limite com a sala de jantar.

Ana Maria Índio da Costa
1997 Home theater

Leila Bittencourt e Marise Marini
2002 Sala de consulta
> AO LADO Leila Corrêa e Beth Lucena
2000 Garagem multiuso

PODE ATÉ SER SIMPLES, MAS TEM UMA ELEGÂNCIA, UM CHIQUE, ÀS VEZES ATÉ SUTIL, COMO AQUELE JEITO DE O CARIOCA SE VESTIR. Joy Garrido

Mauricio Nóbrega 2000 Sala de almoço

Guilherme Scheliga 1996 Varanda

Andréa Betts 1996 Banheiro do adolescente > AO LADO Chicô Gouvêa 1996 Praça e snack bar

O ESTILO CARIOCA ACABA SENDO DESPOJADO PORQUE É PRÁTICO. OU VICE-VERSA. ELE SABE COMBINAR DOSES DE CRIATIVIDADE E OUSADIA SEM DEIXAR DE SER CHIQUE. Carmen Zaccaro e Marise Kessel

Jairo de Sender 2000 Varanda do quarto do casal

No projeto de Jairo de Sender, o mármore italiano branco no piso recebe a estrutura que sustenta os panos de vidro do teto, que transformam a varanda num local de contemplação da natureza e relaxamento do casal. A estrutura metálica com panos de vidro trabalha com o paisagismo, que ultrapassa o teto.

Ana Luiza Jardim e Tina Pessoa de Queiroz 2000 Lavanderia

Em homenagem à artista plástica Mucki Skowronski, uma lavanderia bem equipada, capaz de dar conta das toneladas de roupa suja por causa da profissão. A iluminação ficou a cargo de Chean Hsui e mistura luz quente e fria. De última geração, as máquinas de lavar e secar, empilhadas, têm comando eletrônico e são confeccionadas em inox. Para dar um toque ainda mais irreverente ao espaço, uma tela vestida com uma camisa pintada e resinada foi colocada em uma das paredes. Quadros de Marcelo Tabaschi em verde e amarelo completam o clima nacionalista do espaço.

organizadoras

Programadora visual e desenhista industrial, formada pela PUC-Rio, *Patricia Quentel* trabalhou na Salles Interamericana e no Jornal do Brasil, com passagens por escritórios de arquitetura e design gráfico. *Patricia Mayer* é jornalista, formada em Comunicação Social pela PUC-Rio e Michigan State University. Iniciou sua carreira no Jornal do Brasil, onde ficou por dez anos na reportagem geral do Caderno B e editou o Caderno Casa & Decoração.

As "Patricias", como são conhecidas, se associaram em 1987 para constituir a 3Plus Assessoria de Marketing, empresa especializada na criação e organização de eventos na área de decoração, arquitetura e design. Desde 1991, a 3Plus organiza a Casa Cor Rio, assim como a Metro Design, feira de produtos para arquitetura e decoração que a empresa criou nos anos 1990, com seis edições realizadas no Rio de Janeiro e uma em São Paulo. Também é de autoria da 3Plus o Encontro com Arte, já na terceira edição, que se realiza em diversas praças de Casa Cor no País. Além de idealizar e produzir esses eventos, a empresa atua na área de consultoria e assessoria de marketing para lançamento ou posicionamento de produtos no mercado.

eventoscasacor-1991a2005

Casa Cor 1991 > RUA URBANO SANTOS 22 — URCA

Ana Maria Índio da Costa; Cadas Abranches David; Carlos Alberto Carneiro; Chicô Gouvêa; Cláudio Bernardes; Paulo Jacobsen e Eza Figueira de Mello; Daisy de Cabral Nogueira ; Ernesto Mancino e Claudia Moraes; Fátima de Abreu; Geraldo Lamego; Helio Fraga Jr.; Jairo de Sender; Joy Garrido; Julinha Serrado; Lia Siqueira; Lila May Bueno; Louis Marcelo Nunes; Lourdes Catão e Bebel Klabin; Lucia Sauer; Luiz Fernando Grabowsky; Luiz Fernando Redó; Lula Abranches e Cris Mascarenhas; Maria Cecília Roxo Monarcha; Maria Cecilia Teixeira; Mônica Rocha e Sandra Rudge; Patricia Marinho e Luiz Marinho; Paulo Dietrich e Celina Llerena; Ricardo Bruno; Stella de Orleans e Bragança; Sylvia Laureano; Tibe Vieira da Silva.

Casa Cor 1992 > RUA SÃO CLEMENTE 379 — BOTAFOGO

Alexandre Bianco e Anna Paola Protásio; Ana Maria Índio da Costa; André Lopes e Maria Carmen Lopes; Anelice Lober e Fernando Acylino; Antonio Goulart; Antonio Henrique de Noronha e Clarisse Reade; Bebel Klabin; Cadas Abranches David; Caqui Fontes; Carlos Alberto Carneiro; Chicô Gouvêa; Cookie Richers; Cynthia Pedrosa; Dora Celidonio; Dorita Moraes Barros; Fátima de Abreu; Geraldo Lamego; Helio Fraga Jr.; Helio G. Pellegrino; Jairo de Sender; Julinha Serrado e Eliane Fiúza; Lia Siqueira; Lucia Sauer; Luiz Fernando Redó; Márcia Muller; Maria Cândida Machado; Maria Cecília Teixeira; Maria Luiza de Faria e Christiana Lynch Meggiolaro; Maria Pia Venâncio e Bebel Teixeira de Mello; Mônica Rocha e Sandra Rudge; Patricia Marinho e Luiz Marinho; Paulo Musa; Raul Amorim e Pedro Paranaguá; Renato Wolmer; Ricardo Bruno; Ricardo Moreira de Souza; Ronald Ingber; Sig Bergamin; Stella de Orleans e Bragança.

Casa Cor Rio 1993 > RUA EMBAIXADOR CARLOS TAYLOR 150 — GÁVEA

Ângela Barquete e Cristiane Dornelles; Anna Luiza Rothier; Antônio Goulart; Bebel Klabin; Beth Lucena e Leila Corrêa; Caqui Fontes; Chicô Gouvêa; Cynthia Pedrosa; Dorita Moraes Barros; Eliane Fiúza; Fátima de Abreu e Carlos Alberto Carneiro; Geraldo Lamego; Helio Pellegrino e Paula Navarro; Jairo de Sender; Joy Garrido; Julinha Serrado; Leo Shehtman; Lia Siqueira; Lívia e Andréa Chicharo; Lucia Sauer; Luiz Fernando Grabowsky; Luiz Fernando Redó e Carlos Hansen; Márcia Gatass; Maria Cândida Machado; Maria Cecília Teixeira; Maria Cristina Osório e Isabela Barreto Bicalho; Mônica Freitas Geronimi e Sergio Murilo Alvarenga; Mônica Rocha e Sandra Rudge; Paola Ribeiro e Ana Teresa Cruz; Pedro Paranaguá e Raul Amorim; Ronald Ingber; Tessa Palhano; Marise Kessel e Carmen Zaccaro; Tibe Vieira da Silva.

Casa Cor Rio 1994 > AV. VISCONDE DE ALBUQUERQUE 1.165 — LEBLON

André Lopes e Maria Carmen Lopes; Anna Luiza Rothier; Anna Paola Protásio e Alexandre Bianco; António Luiz Messeder; Beth Lucena e Leila Corrêa; Caco Borges; Carlos Alberto Carneiro; Chicô Gouvêa; Cláudio Bernardes e Paulo Jacobsen; Dorita Moraes Barros; Fátima de Abreu; Geraldo Lamego; Guilherme Scheliga; Helio Fraga Jr.; Helio Pellegrino e Paula Navarro; Ivan Rezende; Jairo de Sender; Julinha Serrado; Laura de Almeida Simões; Lia Siqueira; Lila May Bueno; Luiz Fernando Grabowsky; Luiz Fernando Redó e Carlos Hansen; Márcia Malta Muller e Ovidio Cavalleiro; Maria Cecília Teixeira; Maria Luiza Gradel e Christiana Lynch Meggiolaro; Matias Marcier e Ruy Rezende; Mônica Freitas Geronimi; Mônica Lampreia e Roberto Carregal; Mônica Rocha e Sandra Rudge; Paola Ribeiro e Ana Teresa Cruz; Patricia Marinho e Luiz Marinho; Pedro Paranaguá; Stella de Orleans e Bragança; Tessa Palhano; Marise Kessel e Carmen Zaccaro.

Casa Cor Rio 1995 > LARGO DO BOTICÁRIO CASA 20 — COSME VELHO

Ana Maria Índio da Costa; Andréa Betts; Anna Luiza Rothier; Anna Paola Protásio e Adriana Carvalho; Bebel Klabin; Caco Borges; Cadas Abranches David; Caqui Fontes; Carmen Ibarra; Cecilia Castro e Lucia Costa; Celina Llerena; Paulo Dietrich e Vera Rupp Secco; Chicô Gouvêa; Claudia Scholte; Ligia Más e Francisco Telles; Cláudio Bernardes e Paulo Jacobsen; Dorita Moraes Barros; Eder Meneghine; Edgar Moura Brasil e Bebel Sued; Fátima de Abreu; Fernanda P. Queiroz e Mauricio Prochnik; Geraldo Lamego; Guilherme Scheliga; Helio Pellegrino; Isabela Barreto Bicalho; Ivan Rezende; Jairo de Sender; Janete Costa e Mario Santos; Julinha Serrado; Laura de Almeida Simões; Leila Teixeira Soares e Duarte Beirão da Veiga; Lia Siqueira; Lívia Chicharo (in memoriam) e Andréa Chicharo; Luiz Fernando Grabowsky; Luiz Fernando Redó e Carlos Hansen; Lula Abranches; Marcelo Roberto Bailey; Márcia Muller; Maria Cecília Teixeira; Maria Luiza Gradel e Christiana Lynch Meggiolaro; Mauricio Nóbrega e Bárbara Cole; Mônica Freitas Geronimi; Mônica Vidal Lampreia; Paola Ribeiro e Ana Teresa Cruz; Patricia Marinho e Luiz Marinho; Ricardo Moreira de Souza; Stella de Orleans e Bragança; Tessa Palhano; Marise Kessel e Carmen Zaccaro; Tibe Vieira da Silva e Ana Luiza Jardim.

Casa Cor Rio 1996 > LADEIRA DOS GUARARAPES 289 — COSME VELHO

Andréa Betts; Andréa Chicharo; Anna Luiza Rothier; Caco Borges; Cadas Abranches David; Caqui Fontes; Carmen Ibarra e Cecilia Castro; Chicô Gouvêa; Claudia Scholte; Ligia Más e Francisco Telles; Claudia Sharp Mazza; Cristiana Mascarenhas; Cristina Bezamat e Laura Bezamat; Dorita Moraes Barros; Eliane Fiúza e Ldiz Henrique Medeiros; Fátima de Abreu; Fernanda P. Queiroz Davies; Flavio Berredo; Geraldo Lamego; Guilherme Scheliga; Helio Fraga Jr.; Helio Pellegrino; Ignez Ferraz e Beatriz Novaes; Ivan Rezende; Jacira Pinheiro; Jairo de Sender; Joy Garrido; Julinha Serrado; Laura de Almeida Simões; Lia Siqueira; Luiz Fernando Grabowsky; Luiz Fernando Redó e Carlos Hansen; Márcia Muller; Maria Cecília Teixeira; Maria Luiza Gradel e Christiana Lynch Meggiolaro; Mauricio Nóbrega e Bárbara Cole; Mauricio Prochnik; Mônica Freitas Geronimi; Mônica Rocha e Sandra Rudge; Paola Ribeiro e Ana Teresa Cruz; Paula Neder e Flavio Lemos; Pedro Paranaguá; Ricardo Bruno; Rosane Assed; Tessa Palhano; Marise Kessel e Carmen Zaccaro.

Casa Cor Rio 1997 > AVENIDA DO PEPÊ 390 — BARRA DA TIJUCA

Adélia Dantas e Maria Luiza Ribeiro; Ana Lucia Moreira Dias; Ana Maria Índio da Costa; Ana Teresa Cruz; Andréa Betts; Anna Luiza Rothier; Beth Lucena; Leila Corrêa e Chris Lima; Caco Borges; Carlos Alberto Carneiro; Carlos Felipe Queiroz; Carmen Ibarra e Cecilia Castro; Chicô Gouvêa; Christiana Lynch Meggiolaro; Christiane Laclau; Claudia Sharp Mazza; Cláudio Bernardes e Paulo Jacobsen; Cristina Bezamat e Laura Bezamat; Edgar Moura Brasil; Edith Farjalla; Eliane Fiúza e Ldiz Henrique Medeiros; Fernanda P. Queiroz; Geraldo Lamego; Guilherme Scheliga; Ignez Ferraz e Claudia Ferraz; Ivan Rezende; Jairo de Sender; Joy Garrido; Julinha Serrado; Laura de Almeida Simões; Lia Siqueira; Lila May Bueno; Luiz Eduardo Índio da Costa; Luiz Fernando Grabowsky; Luiz Fernando Redó e Carlos Hansen; Luiza Villela; Maria Cecília Teixeira; Mauricio Nóbrega; Mauricio Prochnik; Mônica Freitas Geronimi e Isabela Barreto Bicalho; Mônica Rocha e Sandra Rudge; Paola Ribeiro; Paulo Antonini e Paulo Coelho; Pedro Paranaguá; Ricardo Bruno; Rosane Assed; Solange Novelli Medina; Sônia Infante e Daniela Infante; Tibe Vieira da Silva e Ana Luiza Jardim.

Casa Cor Rio 1998 > AV. LUCIO COSTA 2.930 — BARRA DA TIJUCA

Adolfo Gentil Jr.; Adriana Faria da Fonseca e Marisa Julia Pinto de Souza; Ana Lucia Jucá; Ana Luiza Jardim e Tina Pessoa de Queiroz; Ana Maria Índio da Costa; Ana Tersa Cruz; Patricia Greijal e Claudia Frota; Andréa Chicharo; Anna Luiza Rothier; Antonio Neves da Rocha; Beatriz Seiler; Bel Lobo e Bob Néri; Bernardo Schor e Rogério Antunes; Beth Lucena; Leila Corrêa e Chris Lima; Caco Borges; Cadas Abranches David; Carlos Alberto Carneiro; Carmen Zaccaro e Marise Kessel; Celina Llerena e Lilian Amaral de Sampaio; Chicô Gouvêa; Christiane Laclau; Claudia Sharp Mazza; Cristina Bezamat e Laura Bezamat; Cristina Brasil; Carlos Eugenio Figueiredo e Osni Jr; Eder Meneghine; Edgar Moura Brasil; Eduardo Lampreia Courrege e Sergio Machado; Eliane Fiúza e Luiz Henrique Medeiros; Fátima de Abreu e Eduardo Lins; Fernanda P. Queiroz e Edith Farjalla; Fernando Acylino; Anelice Lober e Anor Passeri Filho; Flavio Berredo; Geraldo Lamego; Gilmar Peres; Gorete Colaço; Graça Porto; Guilherme Scheliga; Helio Fraga Jr.; Ignez Ferraz e Felipe Memória; Ivan Rezende e Paula Neder; Jairo de Sender; Janice Vassallo; Jorge Nascimento e Guilherme Saggese; Julinha Serrado; Lia Carneiro Leão e Edgard Mandarino; Lia Siqueira; Lila May Bueno; Luiz Fernando Grabowsky; Luiz Fernando Redó e Carlos Hansen; Marcelo Bailey e Fernando Bebiano; Márcia Malta Muller; Maria Cecilia Teixeira; Maria Luiza Gradel e Carla Muniz; Mario Santos e Eliane Amarante; Mauricio Nóbrega; Mauricio Prochnik; Mônica Lampreia; Mônica Rocha e Sandra Rudge; Ovidio Cavalleiro; Paola Ribeiro; Patricia Marinho e Luiz Marinho; Paulo Antonini e Carlos Salles; Pedro Paranaguá; Rogério Ribas e Paulo Mazziero; Rosa May Sampaio; Solange Novelli Medina; Sonia Infante e Daniela Infante; Stella de Orleans e Bragança; Zau Olivieri.

Casa Cor 1999 > AV. DELFIM MOREIRA 696 – LEBLON

Ana Maria Índio da Costa; Ana Teresa Cruz; Andréa Chicharo; Beatrice Goldfeld; Bernardo Schor e Rogério Antunes; Beth Lucena; Leila Corrêa e Chris Lima; Caco Borges; Carlos Eugenio e Osni Jr.; Carmen Zaccaro e Marise Kessel; Chicô Gouvêa; Christiane Laclau; Cláudio Bernardes e Paulo Jacobsen; Cristina Bezamat e Laura Bezamat; Eliane Fiúza e Luiz Henrique Medeiros; Geraldo Lamego; Gorete Colaço; Graça Porto e Lais Pasqualette; Guilherme Scheliga; Helio Fraga Jr.; Ivan Rezende; Jairo de Sender; Joy Garrido; Julinha Serrado; Laura de Almeida Simões; Lia Siqueira; Lila May Bueno; Luiz Fernando Grabowsky; Luiz Fernando Redó e Carlos Hansen; Márcia Muller; Maria Cecilia Teixeira; Mario Santos e Eliane Amarante; Mauricio Nóbrega; Mônica Freitas Géronimi; Mônica Rocha e Sandra Rudge; Neuza Martinez e Norma Gonçalves; Paola Ribeiro; Paula Neder e Alexandre Monteiro; Pedro Paranaguá; Ricardo Bruno; Ronaldo Saraiva; Solange Novelli Medina; Sylvia Zobaran; Vera Rupp; Zau Olivieri e Nadia Lopes.

Casa Cor Rio 2000 > ESTRADA DA GÁVEA 696 — SÃO CONRADO

Ana Maria Índio da Costa; Anna Luiza Rothier; Bel Lobo e Lílian Nóbrega; Bernardo Schor e Rogério Antunes; Beth Lucena e Leila Corrêa; Caco Borges; Cadas Abranches David; Caqui Fontes; Carmen Zaccaro e Marise Kessel; Chicô Gouvêa; Cristina Bezamat e Laura Bezamat; Eliane Fiúza e Luiz Henrique Medeiros; Erick Figueira de Mello; Fátima de Abreu; Fernanda P. Queiroz; Geraldo Lamego; Guilherme Scheliga; Ivan Rezende; Jairo de Sender; Jorge Delmas e Mario Brasil; Joy Garrido; Julinha Serrado; Lia Siqueira; Lila May Bueno; Lucia Levy; Luiz Fernando Redó e Carlos Hansen; Márcia Malta Muller; Maria Cecilia Teixeira; Mario Santos e Eliane Amarante; Marise Cabral; Simony Oehler e Ana Christina Véras; Maritza de Orleans e Bragança e Maria Teresa Mesquita; Mauricio Nóbrega; Mônica Freitas Géronimi; Paola Ribeiro; Patricia Marinho e Luiz Marinho; Paula Neder e Alexandre Monteiro; Paulo Antonini; Pedro Paranaguá; Ricardo Bruno; Ronaldo Saraiva; Sergio Machado; Solange Novelli Medina; Sonia Infante e Daniela Infante; Tibe Vieira da Silva; Ana Luiza Jardim e Tina Pessoa de Queiroz.

Casa Cor Rio 2001 > PRAIA DO FLAMENGO 340 — FLAMENGO

Ana Luiza Jardim e Tina Pessoa de Queiroz; Ana Maria Índio da Costa; Andréa Menezes e Franklin Iriarte; Antonio Neves da Rocha; Bel Lobo e Bob Néri; Bernardo Schor e Rogério Antunes; Bia Seiler; Caco Borges; Caqui Fontes e Eduardo Londres; Carmen Zaccaro e Marise Kessel; Cecilia Monarcha; Christiane Laclau e Carolina Wambier; Cristina Bezamat e Laura Bezamat; Daisy Poli e Gracindo Jr.; Fernanda P. Queiroz; Flavio Berredo; Geraldo Lamego; Gilmar Peres; Graça Porto e Lucas Fortes; Helio Fraga Jr.; Ivan Rezende; Jairo de Sender; Julinha Serrado; Laura de Almeida Simões; Lia Siqueira; Luiz Fernando Grabowsky; Luiz Fernando Redó e Carlos Hansen; Luiz Marinho; Márcia Malta Muller; Maria Cecilia Teixeira; Maria Luiza Gradel e Carla Muniz; Mario Santos e Eliane Amarante; Marise Marini e Leila Bittencourt; Mauricio Nóbrega; Mauricio Prochnik; Mônica Rocha e Sandra Rudge; Paola Ribeiro; Patricia Marinho; Paula Neder e Alexandre Monteiro; Paulo Antonini; Pedro Paranaguá; Rogério Ribas; Solange Novelli Medina; Stella de Orleans e Bragança; Suzana Portella; Sylvia Zobaran; Zau Olivieri.

Casa Cor Rio 2002 > AV. VISCONDE DE ALBUQUERQUE 1.225 — LEBLON

Adriana Faria da Fonseca e Sandra Abelha; Ana Lucia Jucá e Beatriz Breves; Ana Luiza Jardim e Tina Pessoa de Queiroz; Ana Maria Índio da Costa e Luiz Eduardo Índio da Costa; André Piva e Sylvia Zobaran; Andréa Chicharo; Andréa Menezes e Franklin Iriarte; Anna Luiza Rothier; Caco Borges; Cadas Abranches David; Caqui Fontes; Carlos Eugenio e Osni Jr.; Carmen Zaccaro e Marise Kessel; Chicô Gouvêa; Christiane Laclau e Carolina Wambier; Claudia Brassaroto; Eduardo Lins; Fernanda P. Queiroz; Fernando Chacel; Gisele Taranto e Izabela Lessa; Gorete Colaço; Guilherme Scheliga; Ivan Rezende; Jairo de Sender; Joy Garrido; Julinha Serrado; Laura Bezamat e Cristina Bezamat; Leila Bittencourt e Marise Marini; Lia Siqueira; Lila May Bueno e Marta Pinheiro; Luiz Fernando Grabowsky; Márcia Muller; Maria Cecilia Roxo Monarcha; Maria Cecilia Teixeira; Mario Santos e Eliane Amarante; Maritza de Orleans e Bragança; Mauricio Nóbrega; Mônica Rocha e Sandra Rudge; Paola Ribeiro; Paula Neder e Alexandre Lobo; Paulo Antonini; Pedro Paranaguá; Ricardo Bruno; Ricardo Hachiya; Roseli Muller; Solange Novveli Medina; Sonia Infante e Daniela Infante; Stella de Orleans e Bragança; Thiago Bernardes; Paulo Jacobsen e Miguel Pinto Guimarães.

Casa Cor Rio 2003 > ESTRADA DA BARRA DA TIJUCA 3.570 — BARRA DA TIJUCA

Alessandro Sartore; Fabio Bouillet e Rodrigo Jorge; Alexandre Lobo e Fábio Cardoso; André Piva e Sylvia Zobaran; Andréa Chicharo; Ângela Dias Correa; Anna Luiza Rothier; Beatrice Goldfeld; Bel Lobo e Bob Néri; Bernardo Schor e Rogério Antunes; Caco Borges; Carmen Zaccaro e Marise Kessel; Cecília Monarcha e Patrícia Abelim; Clarice Perrone; Claudia Brassaroto; Cristina Bezamat e Laura Bezamat; Cynthia Pedrosa; Eduardo Lins; Erick Figueira de Mello; Fátima de Abreu e Patricia Marinho; Fernando Acylino; Lucia Levy e Sonia Pira; Geraldo Lamego; Gisele Taranto e Izabela Lessa; Gorete Colaço; Ivan Rezende; Jairo de Sender; Jorge Nascimento e Guilherme Saggese; Leila Bittencourt; Marise Marini e Fernanda Casagrande; Lila May Bueno e Marta Pinheiro; Luiz Fernando Redó e Carlos Hansen; Manoel Brancante e Ana Bartira Brancante; Maria Cecilia Teixeira; Mario Santos e Eliane Amarante; Marisa Lima e Emilia Cardoso; Maritza de Orleans e Bragança; Mauricio Nóbrega; Miguel Pinto Guimarães; Mônica Penaguião; Natalia Paes de Andrade e Simone Meira; Paola Ribeiro; Paula Neder e Alexandre Monteiro; Paulo Antonini; Paulo Jacobsen e Thiago Bernardes; Pedro Paranaguá; Rogério Ribas; Solange Novelli Medina; Sonia Infante e Daniela Infante; Suzana Portella; Vanessa Borges; Vera Castro; Zau Olivieri.

Casa Cor Rio 2004 > RUA MARY PESSOA 116 — GÁVEA

Alessandro Sartore; Fabio Bouillet e Rodrigo Jorge; Alexandre Lobo e Fabio Cardoso; Ana Luiza Jardim e Tina Pessoa de Queiroz; André Piva e Sylvia Zobaran; Andréa Menezes e Franklin Iriarte; Anna Luiza Rothier; Caco Borges; Carmen Zaccaro e Marise Kessel; Chicô Gouvêa; Claudia Brassaroto; Cristina Bezamat e Laura Bezamat; Cynthia Pedrosa; Denise Chini Solot; Fernanda P. Queiroz; Gisele Taranto e Izabela Lessa; Helio Fraga Jr.; Ivan Rezende; Jairo de Sender; Joy Garrido; Julinha Serrado; Lia Siqueira; Luiz Fernando Grabowsky; Luiz Fernando Redó e Carlos Hansen; Márcia Malta Muller; Mario Santos e Eliane Amarante; Maritza de Orleans e Bragança; Mauricio Nóbrega; Mônica Rocha e Sandra Rudge; Ricardo Bruno; Roberta Moura Borges; Solange Novelli Medina; Vicente Giffoni.

Casa Cor Rio 2005 > RUA DO CATETE 194 — CATETE

Antonio Neves da Rocha e Maria Antonia de Orleans e Bragança; Andrea Chicharo; André Piva; Alessandro Vieira Sartore; Alexandre Lobo e Fábio Cardoso; Anna Luiza Rothier; Beatrice Goldfeld; Beth Lima; Bia Lynch e Christiana Meggiolaro; Bel Lobo e Bob Neri; Caco Borges; Claudia Brassaroto; Christiane Laclau; Chico Vartulli; Claudia Souza Santos; Claudia Rendy; Cristina Bezamat e Laura Bezamat; Fabio Bouillet e Rodrigo Jorge; Flavio Santoro; Geraldo Lamego; Gorete Colaço; Ivan Rezende; Izabela Lessa e Gisele Taranto; Joy Garrido; Julinha Serrado; Juliana Neves de Castro, Luciana Nasajon e Mabel H. Graham Bell; Jorge Delmas; Jairo de Sender; Lucia Levy e Sonia Pirá; Luiz Fernando G. Redó e Carlos Hansen; Luiz Fernando Grabowsky; Maria Cecília Teixeira; Marise Kessel e Carmen Zaccaro; Mario Santos e Eliane Amarante; Mauricio Nobrega; Marta Guimarães e Lila May Bueno; Marise Marini; Paula Neder e Alexandre Monteiro; Patricia Marinho e Fatima de Abreu; Pedro Paranaguá; Rogério Antunes e Bernardo Schor; Paola Ribeiro; Rosell Müller; Rogério Ribas e Rodrigo Barbosa; Stella de Orleans e Bragança; Solange Novelli Medina; Vera Rupp.

patrocinadoreseapoiadores

Casa Cor Rio 1991

Apoio
CASA & JARDIM
OAS EMPREENDIMENTOS LTDA.
IMI
INDIVIDUAL BANK® CHASE

Casa Cor Rio 1992

Apoio cultural
REVISTA CASA CLAUDIA

Apoio técnico
TINTAS CORAL

Casa Cor Rio 1993

Patrocínio
TINTAS CORAL

Apoio cultural
REVISTA CASA CLAUDIA

Apoio de divulgação
ELIANE REVESTIMENTOS CERÂMICOS

Casa Cor Rio 1994

Patrocínio
DECA

Apoio cultural
REVISTA CASA CLAUDIA

Apoio especial
TINTAS CORAL

Apoio de divulgação
ELIANE REVESTIMENTOS CERÂMICOS

Casa Cor Rio 1995

Patrocínio
DECA

Apoio
TINTAS CORAL
GRADIENTE
ELIANE REVESTIMENTOS CERÂMICOS
REVISTA CASA CLAUDIA

Casa Cor Rio 1996

Patrocínio
DECA

Apoio
TINTAS CORAL
GRADIENTE
ELIANE REVESTIMENTOS CERÂMICOS
REVISTA CASA CLAUDIA

Casa Cor Rio 1997

Patrocínio
DECA

Apoios nacionais
REVISTA CASA CLAUDIA
TINTAS CORAL
ELIANE REVESTIMENTOS CERÂMICOS

Apoios locais
LAER ENGENHARIA
BANCO DO BRASIL
SECRETARIA MUNICIPAL DE CULTURA

Casa Cor Rio 1998

Patrocínio
DECA

Apoios nacionais
REVISTA CASA CLAUDIA
ITAUTEC
PHILCO

Apoios locais
OCEANFRONT RESORT
CITIBANK
CERÂMICA PORTINARI CECRISA

Casa Cor Rio 1999

Patrocínio
DECA

Apoios nacionais
REVISTA CASA CLAUDIA
ITAUTEC
PHILCO
CERÂMICA PORTINARI

Apoios locais
DIRECTV
PERSONALITÉ

Casa Cor Rio 2000

Patrocínio
DECA

Apoios nacionais
BOSCH ELETRODOMÉSTICOS
REVISTA CASA CLAUDIA
CERÂMICA PORTINARI
ITAUTEC
PHILCO

Apoios locais
PEUGEOT

Casa Cor Rio 2001

Patrocínio
DECA

Apoios nacionais
REVISTA CASA CLAUDIA
ITAUTEC
PHILCO
CERÂMICA PORTINARI
BRASTEMP

Apoios locais
AMIL
FLORENSE
DIAMANTE & DIAMANTE

Casa Cor Rio 2002

Patrocínio
DECA

Apoios nacionais
REVISTA CASA CLAUDIA
ITAUTEC
PHILCO
BRASTEMP

Apoios locais
FARMALIFE
HIGH END
BOHEMIA

Casa Cor Rio 2003

Patrocínio
DECA

Apoios nacionais
REVISTA CASA CLAUDIA
ITAUTEC
PHILCO
BRASTEMP
NOKIA

Apoios locais
AMIL
INCASA
HIGH END
CASA SHOPPING

Casa Cor Rio 2004

Patrocínio
DECA

Apoios nacionais
REVISTA CASA CLAUDIA
BRASTEMP
BANCO REAL
NOVA SCHIN
SABONETES ALBANY ESTILO
VOLKSWAGEN

Apoios locais
CASA SHOPPING
HIGH END
ZONA SUL
LG
PREFEITURA DA CIDADE
DO RIO DE JANEIRO

Casa Cor Rio 2005

Patrocínio
DECA

Apoios nacionais
REVISTA CASA CLAUDIA
BANCO REAL

Apoios locais
BRASTEMP
CASA SHOPPING
ORLEAN
DIRECTV

expositores

Adélia Dantas adeliapdantas@click21.com.br Adolfo Gentil Jr. carapia@carapia.com.br Adriana Carvalho orvalho@openlink.com.br Adriana Faria da Fonseca orvalho@openlink.com.br Alessandro Sartore a.sartore@terra.com.br Alexandre Bianco ambianco@uol.com.br Alexandre Lobo af@afarquitetura.com.br Alexandre Monteiro arq@neder-monteiro.com.br Ana Bartira Brancante anabartira@uol.com.br Ana Christina Véras verasac@ig.com.br Ana Lucia Jucá analuciajuca@veloxmail.com.br Ana Luiza Jardim tinaeana@terra.com.br Ana Maria Índio da Costa anamaria@indiodacosta.com Ana Teresa Cruz* André Lopes vit@vitline.com.br André Piva arquitetura@andrepiva.com Andréa Betts andreabetts@vixnuh.com.br Andréa Chicharo andreachicharo@andreachicharo.com.br Andréa Menezes andrea.franklin@imagelink.com.br Anelice Lober* Ângela Barquete progetosdecor@uol.com.br Ângela Dias Correa angelacorrea@email.com Anna Luiza Rothier annaluizarothier@uol.com.br Anna Paola Protásio annaprotasio@ig.com.br Anor Passeri Filho* Antonio Goulart* Antonio Henrique de Noronha* Antonio Luiz Messeder messeder@rjnet.com.br Antonio Neves da Rocha a.nevesdarocha@uol.com.br Bárbara Cole bcole@terra.com.br Beatrice Goldfeld arquitetura@beatricegoldfeld.com.br Beatriz Breves biabreves@intercad.arq.br Beatriz Novaes* Beatriz Seiler biaseiler@biaseiler.arq.br Bebel Klabin bklabin@attglobal.net Bebel Sued isued@terra.com.br Bebel Teixeira de Mello* Bel Lobo contato@belbob.com.br Bernardo Schor antunesschor@terra.com.br Beth Lucena* Bob Neri contato@belbob.com.br Caco Borges caco@cacoborges.com.br Cadas Abranches David escritorio@cadas.com.br Caqui Fontes flordelis_paisagismo@hotmail.com Carla Muniz carlamuniz@uol.com.br Carlos Alberto Carneiro carloscarneiro@br.inter.net Carlos Eugenio Figueiredo eugenia@eugenia.com.br Carlos Felipe Queiroz cfelipequeiroz@uol.com.br Carlos Hansen redohansen@uol.com.br Carlos Salles carlossalles@superig.com.br Carmen Ibarra c.ibarra@uol.com.br Carmen Zaccaro arquitetura@carmenmarise.arq.br Carolina Wambier cwambier@terra.com.br Cecília Castro* Cecília Monarcha mcmonarcha@hotmail.com Celina Llerena llerena@attglobal.net Chicó Gouvêa chicogouvea@chicogouvea.com.br Chris Lima* Christiana Lynch Meggiolaro l.m@wnetrj.com.br Christiane Laclau christianelaclau@terra.com.br Clarice Perrone claricep@nitnet.com.br Clarisse Reade c.reade@terra.com.br Claudia Brassaroto c.brassaroto@uol.com.br Claudia Ferraz claudia@claudiaferraz.com.br Claudia Frota claudia.frota@topshopping.com.br Claudia Moraes* Claudia Scholte claudia@iveloz.com.br Claudia Sharp Mazza csmazza@globo.com Cláudio Bernardes* Cookie Richers cookierichers@terra.com.br Cristiana Mascarenhas* Cristiane Dornelles* Cristina Bezamat bezamat@bezamatarquitetura.arq.br Cristina Brasil cristina.brasil@uol.com.br Cynthia Pedrosa cpedrosa@centroin.com.br Daisy de Cabral Nogueira* Daisy Poli disypoli@hotmail.com Daniela Infante arteiro@arteiro.com.br Denise Chini Solot dcsolot@attglobal.net Dora Celidonio* Dorita Moraes Barros doritamb@unifys.com.br Duarte Beirão da Veiga* Eder Meneghine* Edgar Moura Brasil edg@esquadro.com.br Edgard Mandarino dla.arquitetos@gmail.com Edith Farjalla edith@vetor.com.br Eduardo Lampreia Courrege eduardolampreia@yahoo.com.br Eduardo Lins eduardo.lins@cruiser.com.br Eduardo Londres elondres@ig.com.br Eliane Amarante santos_arq@yahoo.com.br Eliane Fiúza fiuza.medeiros@globo.com Emilia Cardoso ecardoso@pcrj.rj.gov.br Erick Figueira de Mello erick@erick.arq.br Ernesto Mancino ernesto@imi.com.br Eza Figueira de Mello ezaviegas@openlink.com.br Fabio Bouillet fabio@artisdesign.com.br Fabio Cardoso af@afarquitetura.com.br Fátima de Abreu fatimaab@uol.com.br Felipe Memória fmemoria@corp.globo.com Fernanda Casagrande fproc@globo.com Fernanda P. Queiroz fpq@fernandapqueiroz.arq.br Fernando Acylino fernandoacylino@uol.com.br Fernando Bebiano raporte@raporte.com.br Fernando Chacel* Flavio Berredo flavioberredo@aol.com Flavio Lemos* Francisco Telles telles@iveloz.com.br Franklin Iriarte andrea.franklin@imagelink.com.br Geraldo Lamego glamego@rio.com.br Gilmar Peres studiogp@uol.com.br Gisele Taranto progetto@progetto.arq.br Gorete Colaço goretecolaco@openlink.com.br Graça Porto gporto@gbl.com.br Guilherme Saggese saggese@unisys.com.br Guilherme Scheliga scheliga@terra.com.br Helio Fraga Jr. hfraga@ism.com.br Helio Pellegrino hgp@hpellegrino.com.br Ignéz Ferraz ignez@ignezferraz.com.br Isabela Barreto Bicalho* Ivan Rezende ivanrezendearqui@uol.com.br Izabela Lessa progetto@progetto.arq.br Jacira Pinheiro jacirapinheiro@performa.com Jairo de Sender escritorio@jairodesender.com.br Janete Costa borsoiecosta@uol.com.br Janice Vassallo janice@openlink.com.br Jorge Delmas delmasarquitetura@delmasarquitetura.com.br Jorge Nascimento

A Editora Senac Rio publica livros nas áreas de gastronomia, design, administração, moda, responsabilidade social, educação, marketing, beleza, saúde, cultura, comunicação, entre outras.

Visite o site www.rj.senac.br/editora, escolha os títulos de sua preferência e boa leitura. Fique ligado nos nossos próximos lançamentos! Disque Senac: (21) 3138.1000

Este livro foi composto por M.Laet Comunicação em Chalet, Our Bodoni e Bayer Architype e impresso nas oficinas da Pancrom para a Editora Senac Rio, em setembro de 2005.

Papéis utilizados

Reciclato® 150g/m² da Suzano Papel e Celulose, o primeiro papel offset brasileiro 100% reciclado produzido em escala industrial.

Couché Fosco 150g/m², Cartão Supremo 250 g/m² e Alta Alvura 150g/m², da Suzano Papel e Celulose, produzido a partir de florestas renováveis de eucalipto. Cada árvore utilizada foi plantada para este fim.

saggese@unisys.com.br **Joy Garrido** joygarrido@globo.com **Julinha Serrado** julinhaserrado@uol.com.br **Lais Pasqualette** laispasqualette@globo.com **Laura Bezamat** bezamat@bezamatarquitetura.arq.br **Laura de Almeida Simões** lauradealmeida@uol.com.br **Leila Bittencourt** leila@garatuja.net **Leila Correa** correaleila@imagelink.com.br **Leila Teixeira Soares** lts@ism.com.br **Leo Shehtman** arqshehtman@aol.com **Lia Carneiro Leão** dla.arquitetos@gmail.com **Lia Siqueira** azul@azularquitetura.com.br **Ligia Más** ligia_mas@uol.com.br **Lila May Bueno** lilamaybueno@terra.com.br **Lílian Amaral de Sampaio** lilliansampaio@openlink.com.br **Lílian Nóbrega* Lívia Chicharo* Louis Marcelo Nunes* Lourdes Catão** loucatao@msn.com **Lucas Fortes** lcfortes@iis.com.br **Lucia Costa* Lucia Levy** flevy@ism.com.br **Lucia Sauer* Luiz Eduardo Índio da Costa** indio@indiodacosta.com **Luiz Fernando Grabowsky** grabo@uol.com.br **Luiz Fernando Redó** redohansen@uol.com.br **Luiz Henrique Medeiros** fiuza.medeiros@globo.com **Luiz Marinho** luizmarinho@br.inter.net **Luiza Villela** luizavillela@yahoo.com.br **Lula Abranches* Manoel Brancante** brancante@uol.com.br **Marcelo Bailey** bailey@globo.com **Márcia Gatass* Márcia Malta Muller** m3arquitetura@veloxmail.com.br **Maria Cândida Machado** mariacandida@interni.com.br **Maria Carmen Lopes** vit@vitline.com.br* **Maria Cecília Roxo Monarcha** mcmonarcha@hotmail.com **Maria Cecília Teixeira** cecilia@teixeira.biz **Maria Cristina Pessoa de Queiroz** tinaeana@terra.com.br **Maria Luiza de Faria** micafaria@ddaarquitetura.com.br **Maria Luiza Ribeiro* Maria Pia Venâncio* Maria Teresa Mesquita* Mario Brasil** mbrasilarquitetura@hotmail.com **Mario Santos** santos_arq@yahoo.com.br **Marisa Julia Pinto de Souza* Marisa Lima** marisalima@marisalima.com.br **Marise Cabral** marisecabral@br.inter.net **Marise Kessel** arquitetura@carmenmarise.arq.br **Marise Marini** marisemarini@arquiteturamm.com.br **Maritza de Orleans e Bragança** maritzaorleans@xbb.com.br **Marta Guimarães** lilamaybueno@terra.com.br **Matias Marcier** marcier@domain.com.br **Mauricío Nóbrega** nobrega@vetor.com.br **Mauricio Prochnik** prochnikarq@terra.com.br **Miguel Pinto Guimarães** mpg@mpgarquitetura.com.br **Mônica Freitas Geronimi** monicageronimi@punto.com.br **Mônica Lampreia* Mônica Penaguião** monicapenaguia@poeiraonline.com **Mônica Rocha** rocharudge@ig.com.br **Nadia Lopes** nllopes@aol.com **Natalia Paes de Andrade** mpa@casashopping.com.br **Neuza Martinez** neuzatm@sueprig.com.br **Norma Gonçalves** norma.goncalves@terra.com.br **Osni Jr.** eugenia@eugenia.com.br **Ovídio Cavalleiro** stambowsky@hotmail.com **Patrícia Abelim** pabelin@hotmail.com **Patrícia Greijal** pgreijal@ism.com.br **Patrícia Marinho** administracao@patriciamarinho.com.br **Paula Navarro** paulanavarro_br@yahoo.com.br **Paula Neder** arq@neder-monteiro.com.br **Paulo Antonini** pauloantonini@terra.com.br **Paulo Coelho** paulodecoelho@brfree.com.br **Paulo Dietrich* Paulo Jacobsen** bjg@bjg.com.br **Paola Ribeiro** paola@paolaribeiro.com.br **Paulo Mazziero** srail@click21.com.br **Paulo Musa* Pedro Paranaguá** arqparanagua@terra.com.br **Raul Amorim* Renato Wolmer* Ricardo Bruno** ricardo-bruno@uol.com.br **Ricardo Hachiya** arquitetos@ricardohachiya.com.br **Ricardo Moreira de Souza* Roberta Moura Borges** robertamoura.arq@uol.com.br **Roberto Carregal** bobk@gbl.com.br **Rodrigo Jorge** rodrigojorge@artisdesign.com.br **Rogério Antunes** antunesschor@terra.com.br **Rogério Ribas** 2rsp@uol.com.br **Ronald Ingber** roniarq@terra.com.br **Ronaldo Saraiva** rsaraiva@yahoo.com.br **Rosa May Sampaio** rosamay@terra.com.br **Rosane Assed** severino@infolink.com.br **Roseli Muller** roselimuller@globo.com **Ruy Rezende* Sandra Abelha** orvalho@openlink.com.br **Sandra Rudge** rocharudge@ig.com.br **Sandra Calil** sitiomarrinho@ig.com.br **Sergio Machado** smachad@attglobal.net **Sergio Murilo Alvarenga** sergiomurilo@sergiomuriloalvarenga.com **Sig Bergamin** sigbergamin@sigbergamin.com.br **Simone Meira** mpa@casashopping.com.br **Simony Oehler** simony@truesys.com **Solange Novelli Medina** solangemedina@br.inter.net **Sonia Infante** arteiro@arteiro.com.br **Sonia Pira** soniapira@terra.com.br **Stella de Orleans e Bragança** stella@stella.arq.br **Suzana Portella** suzanaportella@terra.com.br **Sylvia Laureano* Sylvia Zobaran** zobaran@mtecnet.com.br **Tessa Palhano** tessapalhano@globo.com **Thiago Bernardes** bjg@bjg.com.br **Tibe Vieira da Silva** tinaeana@terra.com.br **Vanessa Borges** vanborgesdesign@imagelink.com.br **Vera Castro** estudiov@terra.com.br **Vera Rupp Secco** verarupp@terra.com.br **Vicente Giffoni** giffoni@uninet.com.br **Zau Olivieri** zau@zauolivieri.net

*NÃO DISPONÍVEL. CASO O SEU E-MAIL OU CONTATO NÃO ESTEJA NESTA LISTA, FAVOR ENVIAR UMA MENSAGEM PARA EDITORIAL.EDITORA@RJ.SENAC.BR, PARA QUE POSSAMOS ATUALIZAR NA PRÓXIMA EDIÇÃO.